バカでも年収1000万円

The Secrets: Even an Idiot Can Earn ¥10,000,000 Per Year!

バカリーマン日本代表
伊藤喜之
Yoshiyuki Ito

ダイヤモンド社

はじめにのはじめに

実は、すごい本です

99％の人々が見落としていた成功法則とは？

「たとえば30歳の時点で、年収６００万円のエリートと、年収１０００万円のおバカ。あなたは、どちらの人生を選択しますか？」という質問にどう答えますか？

世間体《せけんてい》を重視する人は６００万円のエリートを選ぶでしょう。当然です。でも、これからの時代は、**「おバカの方が年収が上がる」**のです。なぜでしょう？

それは、これまで、99％の人々が見落としていた成功法則（最強奥義）が、すべて体

系化され、だれでも使えるようになったからです。

この本では、その「奥義」を公開します。驚くほど「とてつもない」方法です。「実践」してさえもらえれば、あなたの年収は、1000万円以上に変わります。しかし、「とてつもない」方法だからこそ、「読まないほうがいい人」がいます！

●**「いままでと違った考え方を、受け入れられない人」**

●**「おバカな自分が年収1000万円になることを、信じられない人」**

こんな人は、この本を読むと「不安」な気持ちになります。なぜなら、これまでの世の中で「正しい」とされている、「真逆の方法」を使い、どんな状態からでも年収を上げることが、カンタンにできるようになるからです。

●**「世の中のレールに乗らなきゃ出世できない」**

●**「学歴や資格がないと成功できない」**
●**「転職や起業をしないと年収が上がらない」**

という「世間一般の常識」が、ガラガラと崩れ落ちていくことでしょう。

それから、**「自分だけ年収を上げたら、もう満足だ」と考えている人、絶対に読まないでください**。本当に「とてつもない」方法ですから、あなたがまわりの人を蹴落としてでも自分だけイイ思いをしようと思えば、カンタンにできます。

しかし、それはダメです。一時的に年収は上がっても、そういう思いやりがない人は、すぐに「奈落の底」に落っこちます。

いままで挙げてきたタイプに、もしあなたが当てはまるなら、ここで読むのをやめてください。本書『バカでも年収1000万円』とは縁がなかったわけですので、本書のことは、忘れていただいて結構です。

まだ、読んでますか？

…ということは、あなたは、かなり「おバカな人」ですね（笑）。

わかりました。僕も覚悟します！

腹をくって、奥義をお教えしましょう。

「バカでも年収1000万円になれる？　それって本当なの？」

いいえ。「ウソ」です。

じつは、1000万円どころじゃありません。世の中の「1％の人」はこの奥義の一部を使って、年収を3000万円、5000万円と、グングン上げています。

「年収1000万円」というのは、ほんのスタート地点、はじまりにすぎません。

だれにでも使うことのできる、この「奇跡の奥義」が、「バカでも年収1000万円メソッド」なんです！

はじめに

あなたはバカじゃない

あなたは、本当はバカじゃない！
スキル・学歴・ＩＴ・英語・肩書・資格、関係ナシ！
どんな状態からでも
年収１０００万円に大逆転できる「バカ６大奥義」

「あなたは、本当はバカじゃありません！」

「あなたは、自分の力を、うまく使えていないだけです！」

「あなたが、その気になれば、年収１０００万円など軽く超えることができます！」

僕は、それをお伝えしたくて、この本を書きました！

はじめまして！！！

「バカリーマン日本代表」の伊藤喜之《いとうよしゆき》です！　28歳、日本男児です!!

僕は、「学生時代にちょっと勉強ができただけで、一流大学、一流企業に就職して、ほとんど、自分の力でたいしたことはなにもしていないのに、平気な顔をして、人より高い給料をもらっているニセ・エリートたち」が大嫌いです！

だから僕は、僕たちのような、世間からは、「おバカ」と見られてしまう人々でも、そうした「ニセ・エリートたち」に勝てることを、お教えしたいのです。

僕と同じように「自分はおバカで、学歴も、能力も、資格も、才能もない。だからダ

メだ」と思い込んでいる仲間に、「バカでも１０００万円プレーヤーになれるんだぜ！」ということを伝えたい。

だから僕は「バカでも年収１０００万円メソッド」を公開することにしました。

ぜひ、このメソッドを習得して、「あなたのまわりにいるニセ・エリートたち」をやっつけてほしいと思います。

「バカでも年収１０００万円メソッド」とは？

「バカでも年収１０００万円メソッド」は、だれでもすぐに学べて、すぐに実践できて、すぐに効果が出る「最強の成功法則」です。

「バカでも年収1000万円メソッド」は、重要度順に、次の3つのメソッドに分かれています。

【1】「バカ6大奥義」→最も重要なバカリーマンのための最強奥義！
【2】「バカ15法則」→「バカ6大奥義」をさらに有効にするための法則
【3】「バカ16スキル」→「バカ6大奥義」を効果的に使うためのスキル

とくに、最も強力な「バカ6大奥義」は、「天才やエリートたちがやらないやり方で、バカでもできる成功法則を見つけてやろう」と、トライ&エラーの末に僕がたどり着いた「最強奥義」です。

しかもこの「バカ6大奥義」は、苦しい修行など積まなくても、カンタンに習得できます。この本を読み終えたころには、あなたも立派な「伝承者」です。

なぜかというと、**「技術」はまったく必要ではなく、「バカ6大奥義」を、ただ実際に使ってもらうだけ**だから。

僕自身、このメソッドを使いはじめてわずか「3年」で「年収1000万円以上」を達成したのですから、その効果は実証済みです。

★【バカ6大奥義】

【バカ6大奥義①】「成功の糸」は毎週木曜日に降りてくる
……「いままでチョイスしてこなかった選択肢」を選んで
行動に移し、自分を劇的に変える奥義

【バカ6大奥義②】「超速行動」でエリートたちを置き去りにする
……「質（クオリティー）」を超える武器（ウェポン）である
「超速のスピード」を使いこなす

【バカ6大奥義③】「弱点レーダーチャート」を使って、どんな大物もやっつける
……どんな一流の人にも勝つことのできる奥義

【バカ6大奥義④】99%の人がやらない「人に貸しを貯金」する技術
……どんなにお金がなくても「世界最高の利息」を手にする奥義

【バカ6大奥義⑤】「夢や目標を捨て」て、身軽になったが勝ち!
……夢や目標がなくても、夢を持っている人より幸せになる奥義

【バカ6大奥義⑥】「逆さまの法則」で、アッという間に大成功!
……仕事でもプライベートでも「自分がほしい成果」を最速でつかむ奥義

この「バカでも年収1000万円メソッド」の特徴は、次になります。

【バカでも年収1000万円メソッドの特長】

・「自分より実績が上の人」や「成功者たち」から一目置かれるようになる
・「成功者の勝ちパターン」を知ることができる
・お金を銀行に貯金するよりも、「大きな利息」を得ることができる
・「学歴」や「資格」や「PCのスキル」や「頭の良さ」を一切必要としない
・実績や結果につながるような「チャンス」が増える
・「本当に自分がやりたいこと」が明確になる
・実践すれば、その日から効果があらわれる
・「失敗すること」が怖くなくなる
・決断力と行動力が身につく
・学歴に引け目を感じなくなる
……………………などなど。

どうです？　読んでいるだけで、わくわくしてきませんか？

あなたも、最強の奥義である「バカ6大奥義」をフルパワー&フルスピードで実践していけば、「学歴で人の能力を判断する勘違い野郎」や、「有名な一流企業に入って安穏《あんのん》としているニセ・エリートたち」に「強烈なミサイル」を叩き込むことができます！（笑）

もし、世の中に「本当のバカ」がいるのであれば、自分の力をまったく使わずに、協力会社をアゴでこき使って涼しい顔をしている、一流企業の「ニセ・エリート」こそ、根絶すべき「本当のバカ」なはずです！

では、僕がなぜ、「バカでも年収1000万円メソッド」をあみ出すことができたかについて、お話ししたいと思います。

僕がいかにおバカであったか？

最初にも、申し上げましたが、僕は、正真正銘の「バカ」です（笑）。

あ、でも、「良いバカ」ですよ。

で、どれくらいバカかというと、つい、数年前まで、「月極《つきぎめ》駐車場」を**「げっきょくちゅうしゃじょう」**と読んでいました（笑）。しかも「会社の名前」だと勘違いして「月極っていう会社は、すげえな。いろんなところに駐車場を持っているよ」と、マジで思い込んでいました。

バカですよね。

数カ月前、栃木県の鬼怒川温泉《きぬがわおんせん》まで切符を買おうと思い、ＪＲの「みどりの窓口」で『**おにおこりがわおんせん**』まで大人１枚！」といったら怪訝《けげん》な顔をされ、もう一度、自信満々に「『おにおこりがわおんせん』まで大人1枚！」といったら、「あぁ、『きぬがわおんせん』ですね（笑）」と、おっちゃんの失笑を買いました。

バカですよね。

外国人が参加するビジネス交流会の場で、アメリカ人に「日本語を話せますか？」といおうとして、**「Don't《ドント》 speak《スピーク》 Japanese《ジャパニーズ》？（訳：日本語を話さないでください）」**といってしまったこともあります（笑）。

バカですよね。

でも、そんな「バカまる出し」の僕が、いまでは「年収1000万円」です！

「アライブ株式会社」（ウェブ制作、コンサルティング、プロモーションなどを業務とするベンチャー企業）に入社し、わずか3年間で「年収1000万円プレーヤー」になれたのは、僕が、**「エリートや天才たちがやらなかったこと」をしてきたから**です。

「エリートや天才たちと同じことをしていたら、おバカな自分は彼らには追いつけない。ならば、**彼らが思いもしない方法を使って、鼻を明かしてやろう。**ひと泡ふかしてやろう」という「強烈な学歴コンプレックス」が原動力になったからです（笑）。

「バカでも年収1000万円メソッド」は、ニセ・エリートたちへの対抗意識から生まれた奇策であり、また年収を短期間でスコ〜ンと上げる「秘策」です。

僕は、世にあふれる「成功のヒント」をなりふりかまわず実践し、トライ&エラーを重ねながら、「バカの、バカによる、バカのための成功法則」を体系化しました。

僕が、有名大学を卒業した「自称：エリートサラリーマン」よりも稼げるようになったのは、この「秘密のメソッド」があったからです。

「アスリートの夢」かなわず、アルバイト生活へ……

僕は、一応、大学まで進学していますが、高校受験も、大学受験も、もちろん中学受験もしていません（笑）。

僕は、中学生のときから「ソフトテニス」をしており、その実力が認められて、高校も大学も「スポーツ特待生」として推薦入学を受けることができました。だから、学生時代はほとんど勉強をしてこなかったんです。

いわゆる「脳みそ筋肉」状態です。

ただ、「ソフトテニスのプロでは通用しない！」とわかったとき…というか、プロがないことを20歳にして初めて知ったとき（泣）に、僕に残された道は、サラリーマンとして「就職」することだけでした。

「サラリーマンになるといったって、『脳みそが筋肉』でできているような僕が、ガリ勉たちに勝てるわけない。いまから勉強したって、有名企業に入れるわけがない！」

「じゃあ、ガリ勉たちがやらないことをやったらどうか。そうしないとヤツらには勝てない。では、なにをしたらいいのか……」と思い悩んでいるときに、ある天才と出会いました。現在、僕がつとめるアライブ株式会社の…「社長」です。

その天才の名は三輪《みわ》尚士《ひさし》。三輪は、僕よりひとつ年上の21歳(当時)。愛知県下ナンバーワンの高校を卒業し（しかも中学時代は生徒会長）、一時は「東京大学」に入れる学力がありながら、デザインの道を選んだ変り種でした。その三輪が「幼馴染《おさななじみ》と会社をつくる。起業しようと思っている」というのです。

三輪から「起業」という言葉を聞いた瞬間、「おお、21歳で会社をはじめるなんて、聞いたことねぇぞ！　これこそ、ガリ勉たちがやらないことだ！」と思い、アルバイトをさせてもらうことにしたんです。

「月給1万円」からのスタート。それでも、働き続けた理由

しかし、**そこで待っていたのが、天才、三輪の容赦のない「暴君《ぼうくん》」ぶり**でした。

接客して、電話応対して、納品して、配送して、印刷物のチェックをして、週3回、1日8時間みっちり、まだ、当時は、会社組織でもない「アライブ」で、アルバイトとして働きました。

僕と三輪の学力には差がありすぎたので、毎日バカにされまくりでしたが、それでも一生懸命働きました。

時給なのか日給なのか月給なのか、アルバイトの条件は聞かされていませんでしたが、時給1000円で換算して、「週3回働けば、1カ月で10万円くらいにはなるかな」と期待していたのですが、1カ月後、アルバイト代を受け取りにいった僕に、衝撃的な事実が待っていました。

な、な、な、なんと、「月給1万円」だったんです！

「ゼロがひとつ足りないじゃん！」

一生懸命働いたのに、月給1万円。その理由を三輪に尋ねたら、こういわれました。

「おまえなんか、それくらいの人間だからね」
「おまえなんて、生きている価値がないんだよ！」

僕は「アライブ」でまともな人権を与えられていませんでしたが（笑）、それでもすぐに「アルバイトを辞めよう」とは思いませんでした。

なぜなら、勉強になったから。「ほかの人が経験できないこと（ベンチャー企業の立ち上げに参加できたこと）」を経験できたからです。

しかし、大学卒業後も、このまま ず～っと、三輪の舎弟《しゃてい》（子分）でいるつもりはなかったし（笑）、「いつか、この男を見返してやりたい」という思いを持っていました。

「バカでも年収1000万円メソッド」はこうして生まれた

けれど、三輪と同じことをしていては、三輪に敵《かな》うわけがない。

「三輪の知らないこと」や「三輪が経験していないこと」、**つまり天才たちがしていないことをやらなければダメ**だと思い、「大学を卒業したら別の会社に勤めて、ビジネス経験を積もう。そして経験を積んだら、アライブに戻ってこよう」という戦略を立てました。

「おまえなんか、どこに行っても同じだ」という三輪の捨てゼリフを聞きながら、大学卒業後、僕は新卒で「輸入車関係の商社」に入社しました。

ところが、悔しいことに、三輪の予想どおりの展開に。営業職として入社した商社でしたが、与えられた仕事はなんと「工場での出荷作業」……。僕はまったく自分の力を発揮することができませんでした。

仕事にやりがいを見出せなかった僕は、プライベートの時間を使って、「音楽イベントのプロデュース」に力を入れるようになりました。

大学時代から、「お遊びレベル」のDJイベントを主宰していたのですが、これを「ビジネスとして成立させよう」と思い立ったんです。

その翌日から、**「殺人的なスケジュール」**で動きました。

朝6時に起きて、90分かけて商社に出社。9時〜18時まで工場で出荷して、19時に退社。そこから高速道路を使って、東海エリアの「大型CDショップ」に片っ端から「イベント告知の飛び込み営業」にいきました。

それが終わって、そこからまた高速道路で、名古屋市内に着くのが23時。そこから「ラジオ局」にいって、これまた「イベント告知の飛び込み営業」。そして家に着くのは深夜3時。この生活を1年間ずっと続けました。

眠すぎてクルマをガードレールにぶつけたり、高速代・ガソリン代がかさんで何度もクレジットカードでお金を借りたり、彼女に振られたり…、まぁ、ひどかったですね。

「イベント告知の飛び込み営業」ですから、相手は僕のことなんてまったく知りませんし、関係もありません。向こうからすれば、ただの「お遊びイベントのニーチャン」としか見えないでしょうから。

そんなお金ナシ、人脈ナシ、営業力ナシの状態からでも、とにかく寝ずにがんばって、なんと、1年後には東海エリアの音楽業界で「何かあるときは、伊藤に話をしろ!」と言われるぐらいの存在になることができました。

その噂を聞きつけ、「アライブ」の三輪から声がかかりました。

「会社を大きくしたいので、戻ってこないか?」

僕は「DJイベントのビジネス化」をするなかで、さまざまな大企業と関わり、**「相手が持っていないものを提供できれば、価値のある人間とみなされるという法則」**を生み出し、そしてこの法則は「いかなる業界でも使える」と思うようになったんです。

「この法則は、三輪も知らない。この法則を使えば、天才、三輪に勝てるかも」

僕は、「アライブ」に戻りました。

わざわざ、呼び戻しておいて、三輪が提示した給料の提示額は、「月給15万円」でした。相変わらず、安い（笑）。

しかし、「三輪をやっつける」のが僕の目的でしたから（笑）、僕は、音楽イベントでの「大きな成功体験」をベースに仮説を立てて、体系化しました。そして、繰り返し、繰り返し、この「おバカなりの成功法則」を使いまくりました。

エリートや天才たちがやらないような、大胆で奇抜なやり方で…。

すると、面白いように、ガンガン実績が出るようになったのです。

「アライブ」に戻ってわずか3年後、「暴君」だった三輪は、僕をなんと役員に抜擢しました。

「おまえなんか、生きている価値がない」とさえいっていたあの三輪が、僕を認めたのです。給与明細を見たら、僕の年収は、「1000万円」を超えていました。

この大胆で奇抜なやり方をまとめたものが、本書の「バカでも年収1000万円メソッド」です。**トライ&エラーのなかで、「これはイケる！」というものだけを選んだ、最強最速の、しかも「おバカ向け」のメソッドです**。

おバカよ、いまこそ立ち上がれ!!

僕は幸いにも、天才、三輪との出会いによって反骨心が生まれ、「バカで結構。結果を出せるバカになってやる！」と開き直ることができました。

僕は、「エリート意識だけが強くて、でも実際はなんの努力もしないヤツ」とか、「レールに乗っているだけで満足しているヤツ」が大嫌いです！

「有名企業に入ることだけがすべてだと思い込んでいるニセ・エリート」こそが、「本当のバカ」だと、本気で思っています。

だから僕は、おバカでも、そういったニセ・エリートに勝てることを証明したい。

最初にも書きましたが…、

昔の僕と同じように…

「自分はバカで、

学歴も、能力も、

資格も、才能もない。だからダメだ…」

と思い込んでいる、おバカの仲間に、

「バカでも1000万円プレーヤーになれるんだぜ！」ということを、

本当に、本当に、本当に、伝えたい。

本気で、バカリーマンの日本代表を増やしたいのです！
だから僕は「バカでも年収1000万円メソッド」を公開することにしました。
ぜひ、このメソッドを習得して、「あなたのまわりにいるニセ・エリートたち」をやっつけてほしいと思います。

おバカだからって、あきらめるな！

おバカにしか、できないことがある！

おバカよ、いまこそ立ち上がれ！！！

バカリーマン日本代表　伊藤喜之《いとうよしゆき》

目次

はじめにのはじめに 2

はじめに 6

「バカ6大奥義」で1000万円！

奥義❶ 「成功の糸」は毎週木曜日に降りてくる 36

奥義❷ 「超速行動」でエリートたちを置き去りにする 56

奥義❸ 「弱点レーダーチャート」を使って、どんな大物もやっつける 74

奥義❹ 99%の人がやらない「人に貸しを貯金」する技術 88

CONTENTS : The Secrets: Even an Idiot Can Earn ¥10,000,000 Per Year!

奥義❺ 「夢や目標を捨て」て、身軽になったが勝ち！ 100

奥義❻ 「逆さまの法則」で、アッという間に大成功 112

「バカ15法則」で大逆転！

法則❶ 一撃必殺の「そもそも論」で差をつける！ 126

法則❷ 「一流探知機」をセットすると、一気に伸びる！ 130

法則❸ どんな選択でも迷わない「1秒即決法」 134

目次

法則❹ 「プチ幽体離脱」で、相手を遠隔操作する 138
法則❺ 「悔しいを貯め込む」だけで、自然と大逆転できる！ 142
法則❻ 人から褒められたときのために、「ガッツポーズ練習」をする！ 146
法則❼ 「完璧コピペ」なら、超カンタンに成功する！ 150
法則❽ ビジネス交流会に行くときは「名刺は1枚」あればいい 154
法則❾ 「見た目のハッタリ」は、やがて本物の力に変わっていく 158
法則❿ 「テレビを捨てる」と、1年が13カ月に増える！ 162
法則⓫ 「穴場グルメ」になると、「一流」が集まってくる！ 166
法則⓬ 力で劣るなら、「自分の得意場所」に連れ出してしまえ！ 170
法則⓭ 指示を無視してでも、「自分の得意」にこだわったほうがいい！ 174

CONTENTS : The Secrets: Even an Idiot Can Earn ¥10,000,000 Per Year!

法則⑭ 「2-2-2フォーメーション」で信頼関係を築け！ 178

法則⑮ 嫌われたらコレ。「カウンター・ダイナマイト・アタック！」 182

「バカ16スキル」で超速成功

スキル① 「根拠のない不安」を捨て、「根拠のない自信」を持て！ 188

スキル② 「スポットライトの当て方」を変えれば、失敗は成功の糧になる 192

スキル③ 「幼いころの勝ちパターン」をビジネスに応用しろ！ 196

目次

スキル④ 「ボーダレスモード」で、2倍すごい自分になる 200
スキル⑤ 「ロングシュートのラッキーゴール」は、意外と多い！ 204
スキル⑥ 「本番は今日だけ」しかない。未来は今日の積み重ねで決まる 208
スキル⑦ 「数字や論理」ではなく「感情と行動で考える」 212
スキル⑧ 「転職や起業」は大間違い！「20代で取締役」になる方法 216
スキル⑨ 「自分だけの地図」をつくると、一流への道筋が見えてくる！ 220
スキル⑩ 「食べてみてジャッジ」する。まずかったら吐き出せばいい！ 224
スキル⑪ 「ダメもとアプローチ」を使えるだけで得をする 228
スキル⑫ 「ほしいもの・やりたいこと」がカンタンに手に入る方法 232
スキル⑬ 「自分勝手な欲望」と「だれかのため」をリンクさせろ！ 236

CONTENTS : The Secrets: Even an Idiot Can Earn ¥10,000,000 Per Year!

スキル⑭ 神様から「おい、そりゃないよね」と怒られそうな行動はしない 240
スキル⑮ 「本気になればできる」と思っているだけではダメ 244
スキル⑯ 「短所より長所を伸ばす」と成功が早い！ 248
おわりに 252
謝辞 268

「バカ6大奥義」で1000万円！

The Secrets:
Even an Idiot Can Earn
¥10,000,000 Per Year!

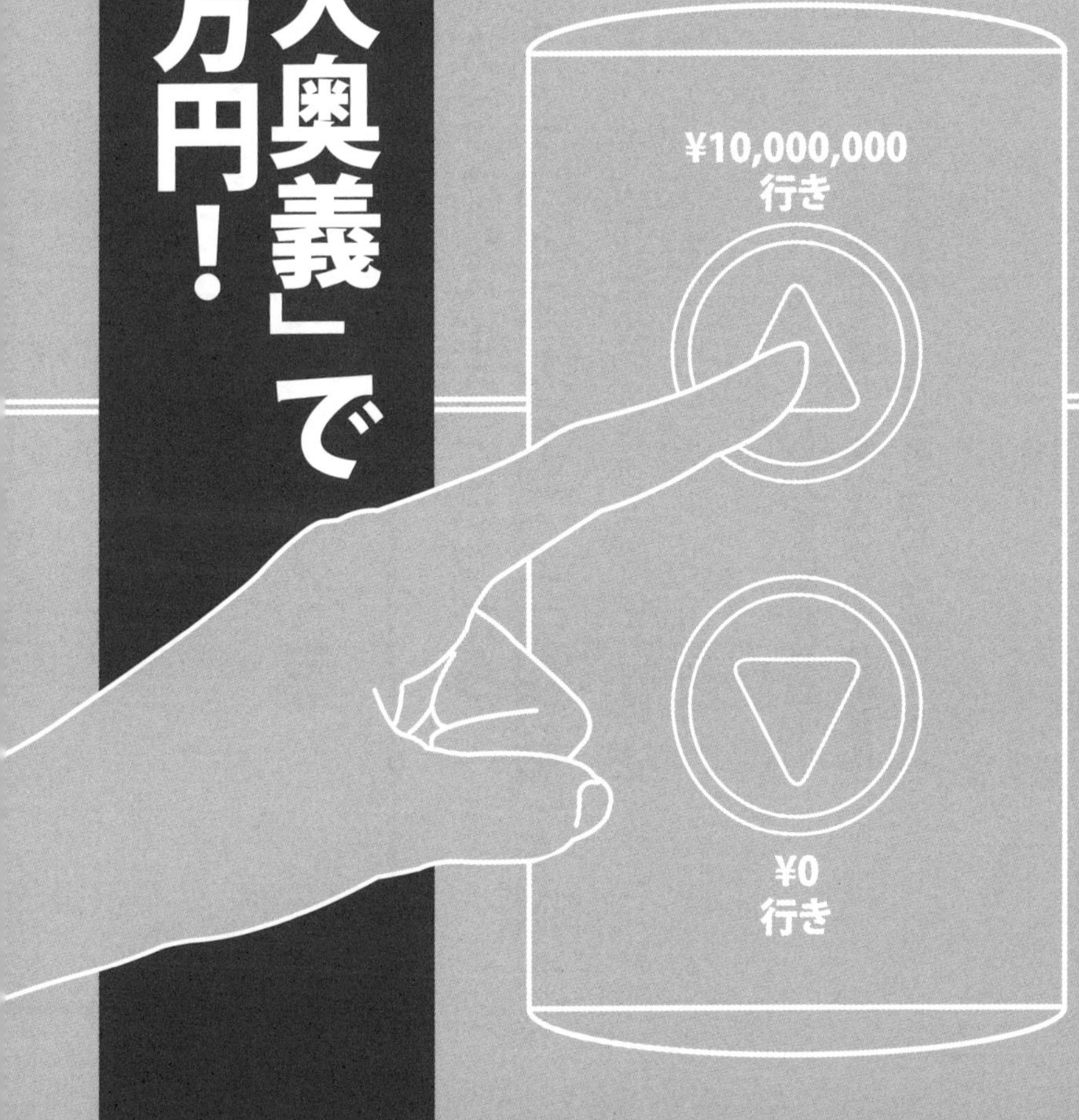

バカ
6大奥義

奥義①

「成功の糸」は毎週木曜日に降りてくる

A：自分を大きく変えようと思ったら「いままでチョイスしなかった選択肢」を選べ

さっそく「バカでも年収1000万円メソッド」を伝授していきましょう。「バカでも年収1000万円メソッド」は、重要度順に、次の3つから成り立っています。

【1】「バカ6大奥義」↓最も重要なバカリーマンのための最強奥義！
【2】「バカ15法則」↓「バカ6大奥義」をさらに有効にするための法則
【3】「バカ16スキル」↓「バカ6大奥義」を効果的に使うためのスキル

つまり、最初にご紹介する「バカ6大奥義」は、「天才やエリートたちがやらないやり方で、バカでもできる成功法則を見つけてやろう」と、トライ&エラーの末に僕がたどり着いた「最強奥義」です。なにしろ「奥義」ですから、すごいです（笑）。

しかもこの「バカ6大奥義」は、苦しい修行など積まなくても、カンタンに習得できます。この本を読み終えたころには、あなたも立派な「伝承者」です。

なぜかというと、**「技術」はまったく必要ではなく、「バカ6大奥義」を、ただ使ってもらうだけ**だから。

ですから、この「バカ6大奥義」をフルスピード&フルパワーで実践すれば、必ず、必ず、必ず、「いままでと違った自分」、そして「年収1000万円をもらえる自分」に変わるでしょう。

さて、「バカ6大奥義①」は…、

【「成功の糸」は、毎週木曜日に降りてくる】

です。

僕は、現在、取締役を務める「アライブ（株）」で学生アルバイトをしていたときも、輸入車関係の商社で出荷作業をしていたときも、「オレだけチャンスや人脈に恵まれていない！」と思い込んでいました。

商社を辞め、正社員として「アライブ（株）」に迎えられたときも、そう。自分より成功している人とお会いするたびに「この人たちは、たくさんのチャンスや人脈に囲まれているじゃん！　だから成功できたんだよ。だけど僕には、なにもないじゃん!!　このままだとダメじゃん!!」と焦っていたんです。

僕は、「あれがあったらいいのに」、「これがあったらいいのに」と、ないものばかりほしがって、しかも「チャンスは待っていれば、いつか降りてきてくれる」とばかり思っ

■見方を変えるだけで、チャンスが手に入る

成功の糸
1本でもつかめば
大成功するのに…
いつもの視界、
いつものチョイス

ていました。けれど、いつまでたっても、そんなチャンスが降りてくる気配はありません。

でも、本当は違っていたんですね。「チャンスがなにもない」わけじゃなかったし、「チャンスが降りてこない」わけでもなかった。

「チャンスはいつも、僕の目の前にぶら下がっていた」んですね。ただ「僕には見えなかっただけ」で……。

成功者は、人脈やチャンスに恵まれていたのではなくて、**「他の人には見えないチャンスに自ら手を伸ばして、勝ち取っていた」**んですね。

自分がいままでチョイスしなかった選択肢のなかに、人生を変えるチャンスがある

よくよく振り返ってみると、じつは僕にも、「たくさんのチャンス」が降りてきていました。

「先輩からパーティーに誘われたり」とか、「勉強のしかたを教えてもらったり」とか、「友だちから海外旅行に誘われたり」とか……、いくらでも自分を変えるチャンスはあったはずです。

それなのに、自らチャンスを見落としていた。というより、はなから「それがチャンスだ！」と気づいていなかった。

「自分には関係ないな」とか、「自分とは合わないよ」とか、「自分の考え方とは違うし……」という理由で、そのチャンスをつかみにいっていなかったのです。

「いまの自分らしいもの、いまの自分に向いているもの、いまの自分に合っているもの

だけを選んでいたら…？　いつまでもたっても、いまと同じ自分のまま⁉　自分を大きく変えることはできないのではないか…？」

「食べたものが、自分の体をつくっているように、いままで選んできたチョイスが、いまの自分をつくっているのではないか…？」

「もしかしたら、自分が見落としたもののなかにこそ、『人生を劇的に変化させるチャンス』があったのではないか…？」


そう「仮説」を立てた僕は、**「じゃあ、いままでチョイスしなかった選択肢や、やったことのないものを積極的に受け入れてみようというルール」**をつくってみたんです。

自分を大きく変えようと思ったら、選択肢を大きく変えるしかない。それに選択肢を変えるだけなら、学歴も能力もいらない。おバカな僕だってできます。

この「いままで選択しなかった見えないチャンス」を、僕は、「成功の糸」と名づけたのです。

バカ
6大奥義

奥義1

「成功の糸」は毎週木曜日に降りてくる

B：「いままでチョイスしなかった選択肢」で、「100人にひとり」の存在になれ！

「成功の糸」は、毎日、いたるところに降りてきているはずですが、この**「成功の糸」は「目に見えないという特性」を持っています。**

じゃあ、目に見えないのに、どうすれば「成功の糸」をつかめるのでしょうか。

方法はあります。**週に一度、「木曜日」と決めて「木曜日のできごとにフォーカスしながら、必ずひとつ、いままでチョイスしなかった選択肢を選ぶというルール」**をつく

■ 木曜日のできごとにフォーカスしよう！

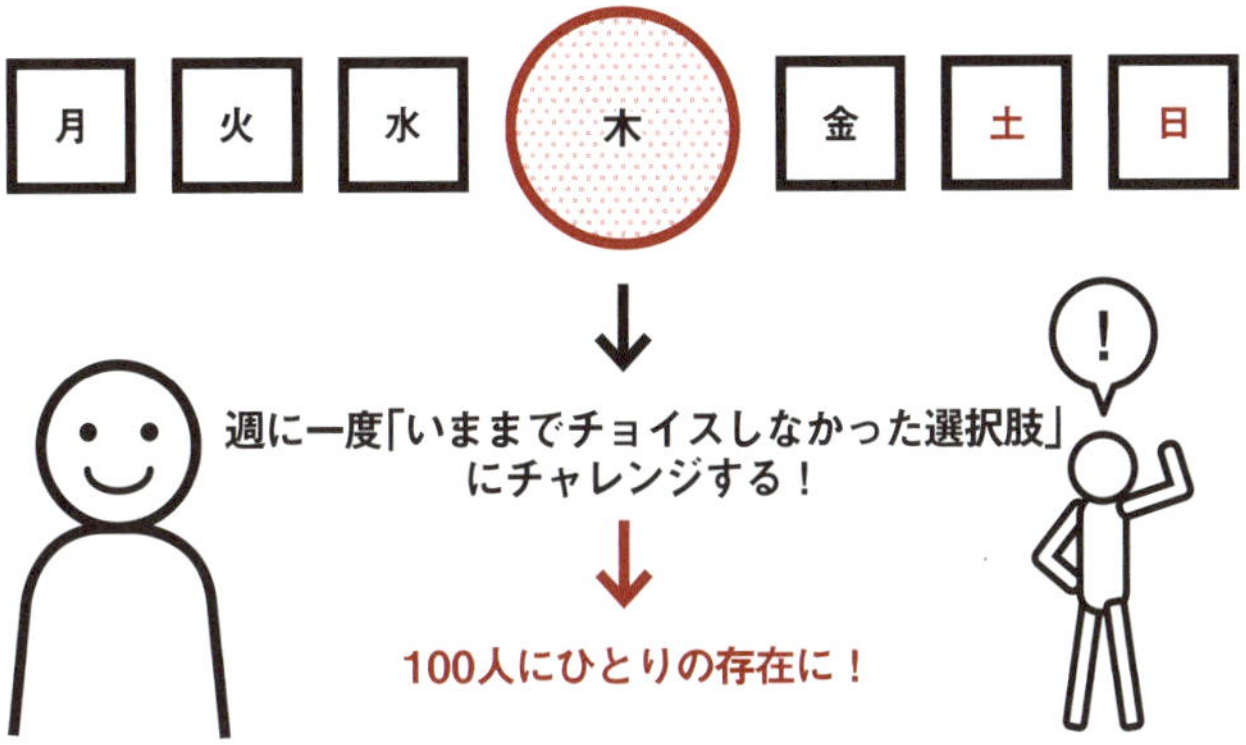
月
火
水
木
金
土
日
!
週に一度「いままでチョイスしなかった選択肢」にチャレンジする！
100人にひとりの存在に！

ると、「成功の糸」をつかみやすくなります。

ではなぜ、毎週「木曜日」なのか。じつは、たいした根拠はありません…（笑）。

しいていうなら、週の半《なか》ばは、月曜日ほど緊張感がないし、金曜日ほど浮ついていないので、落ち着いてまわりを見渡せるからです。

たとえ「週一回」でも、「1カ月に4つ新しい経験」が得られるので、わずかひと月で自分が変わっていきます。いままでと違った人脈も築けるでしょう。

そして**「成功の糸」をつかむのに慣れてきたら、木曜日と限定せずに、「あっ、これはいままでチョ**

イスしなかったなと思った選択肢」を積極的に取り入れてください（ただし、毎日はやらないほうがいいと思います。毎日やると時間とお金がかかりますし、周囲の価値観ばかり受け入れていたら、自分が自分でなくなってしまいます）。

ルール化しておけば、「判断」する必要がない

僕の後輩のAクンも、「成功の糸は、毎週木曜日に降りてくる」という奥義を実践し、大きなチャンスを手に入れたひとりです。

「木曜日にくるいままでチョイスしなかった選択肢は、できるできないにかかわらず、引き受ける」と決めていた彼は、顧客（創業200年に及ぶ有名企業の社長）から仕事の相談を受けることがありました。

その日は、なんと木曜日。彼は自分にはできないかもしれないと思いつつ、恐る恐る「すぐやります!!」といって、即、実行に移したのでした。

するとその社長は驚きながら「もうやったのか！　お前は変わっているな。仕事のデキはいまひとつだけど（笑）、すぐやるヤツは、なかなかいない。よし、今度メシに行くぞ！」と彼を誘い出したのです。

百戦錬磨の大物社長と「1対1」で食事をする機会は、そうそうありません。Aクンは、その後もたびたび目をかけてもらえるようになりました。

Aクンはこういいます。「いつもなら、ビビってなにもできなかったでしょうが、**木曜日にくるいままでチョイスしなかった選択肢を選んでみる！　木曜日には、いままでと違うことをするというルール**を決めていたからこそ、社長のオファーを無条件に受け入れることができました」と。

たったそれだけで、大きな人脈が築けたのです。

「やったことがないもの」に飛びつこうとすると、普通の人は、ためらってしまったり、腰がひけてしまいます。けれど「ルール化」しておけば、余計な判断を差し挟む必要が

ない。なぜなら、ルールとして決めた以上、自分の好き嫌いと関係なく「やるしかない
と思えるから」です。

「いままでチョイスしなかった選択肢」を選ぶだけで、「100人にひとり」の存在になれる

Aクンとは対照的なのが、大学生のBクンです。

「経営者海外セミナー」のサポートをしていたBクン。訪問先のロサンゼルスで、大手飲食チェーン経営者から「香港に出店しようと思っているので、Bクン、やってみないか？」と誘いを受けました。

僕はそのとき、「おぉ～、すげ～話だ。海外事業の立ち上げに参加できるなんて、ラッキーだ。行け、行け！　将来は取締役だ！」と、人ごとながら盛り上がっていたのです。

ところが、Bクンは、違いました。

「……。僕は行けません。僕は東京で自分の可能性を試したい」というのです。

僕は内心、「Bクン、大きなチャンスを逃したな」と思いました。「いままでチョイスしなかった選択肢を選んでみるというルール」がなかった彼は、あっさりと社長のオファーを断ってしまったんですね。僕だったらあと先考えず、その場で「行きます!」と即答したでしょう。

多くの人は、「いままでやったことがない行動」を恐れます。変化をしたがらない。変化をこわがり、異質なものや自分の望みと違うものを遠ざけようとします。変化を受け入れることのできる人は、100人にひとりくらいかもしれません。

けれど、**「いままでやったことのないこと」を選択するだけで「成功の糸」をつかむことができ、「100人にひとりの存在」になれる**としたら、バカでもなれると思いませんか?

バカ
6大奥義

奥義①

「成功の糸」は毎週木曜日に降りてくる

C：「成功のエレベーター」に乗るには「いままでチョイスしなかった選択肢」を選べ

「成功の糸」という言葉は、僕がつくったキーワードです。「人生を劇的に変化させる秘密のチャンス」のようなものだと思ってください。また、「目には見えないという特性」を持っています。

一般的に「成功には、努力がつきもの」とか「努力なくして、成功なし」といわれていますが、僕の考えは、ちょっと違います。

■バカリーマンは、「成功のエレベーター」に乗れ！

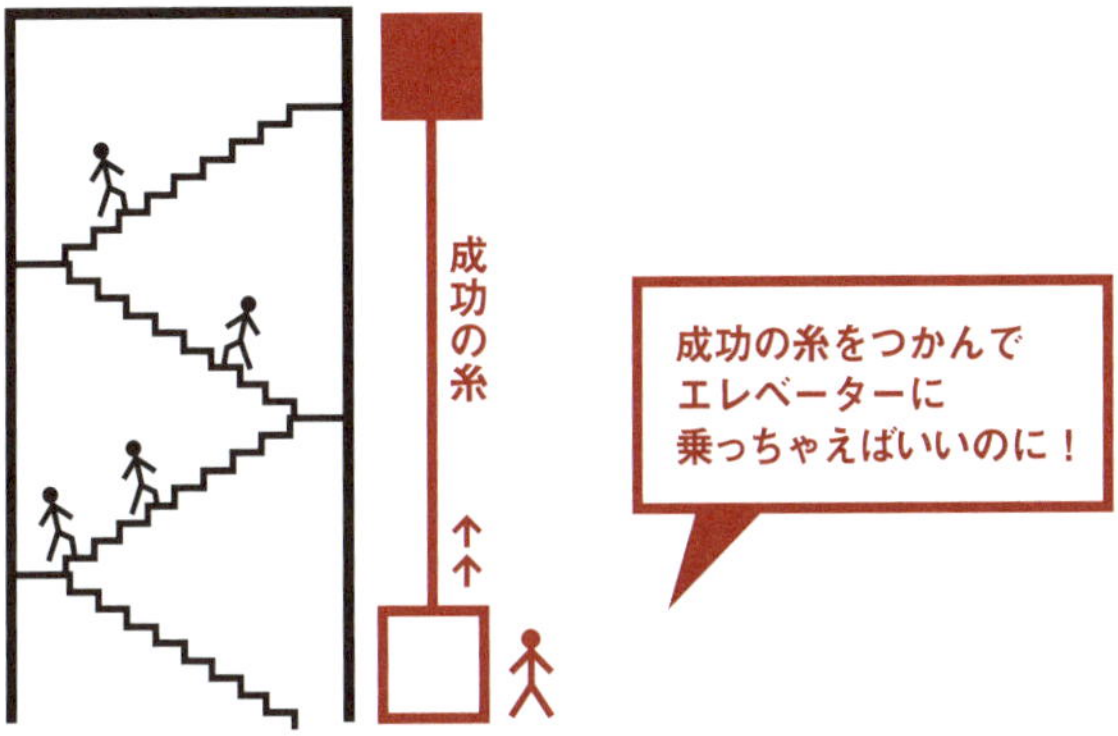
成功の糸
成功の糸をつかんでエレベーターに乗っちゃえばいいのに！

もちろん、努力は大切です。でも、成功は、着実に努力を積み重ねた先にあるだけとはかぎらない。**成功は、「なにかをきっかけに、あるとき突然、手に入ることがある」**のです。

たとえば、ワールドカップで大活躍をみせた、サッカー日本代表の本田圭佑選手。「本田選手は大変な努力家だ」と聞いたことがあります。海外に移籍してからも、その高い技術は注目されていました。けれど、本田選手の評価を「劇的に変化させた」のは、たった1本のフリーキックです。チャンピオンズリーグ決勝トーナメントで放った「弾丸フリーキック」によって、彼はスコ〜ン！とイッキに「評価のステージ」を上げたんですね。

「ワールドカップ南アフリカ大会」での本田圭佑選手のフリーキックもそう。

成功（評価）は、一瞬のできごとです。努力をコツコツ積み重ねたら、成功も比例してコツコツ積み上がるのかというと、そうじゃない。

「成功」とは、コツコツ努力したあとに、遅れて、ドカン！　とやってくるんですね。どういうことか、説明しますね。


「普通の人」は、「階段」を一歩一歩上るように努力を積み上げて、上を目指します。けれど「エリート」は階段ではなく「エスカレーター」が用意されているから、普通の人よりも速く上れる。じゃあ、普通の人よりも、エリートよりも、速く成功するにはどうしたらいいか？


エスカレーターよりも速い「成功のエレベーター」に乗ればいいのです！

僕自身、努力は「階段」のようなものだが、成功は「エレベーター」のようなものだと思っています。これは、どういうことか？

この**「成功のエレベーター」に乗れば、階段やエスカレーターのように1フロアずつ上がらなくても、いきなり10階くらいまで上がれることがあります。**超ショートカットです。

けれど、「成功のエレベーター」には、ひとつ仕掛けがありました。どんな仕掛けか。

成功のエレベーターには、「昇降用のワイヤーロープ」がついていないんです！

つまりは「エレベーターの箱」だけしかないのですね。


さぁ、どうしましょうか？　そう、このエレベーターを動かすには、「成功の糸」をつかまなければなりません。

「成功の糸」をつかむことができれば、それがワイヤーロープの代わりになって、上のフロアまでイッキに連れていってくれる。

けれど、「成功の糸」が見つからなければ、いつまでも止まったまま。エリートはおろか、階段を使う「普通の人」にさえ、置いていかれてしまうでしょう。

さきほども説明したように**「いままでチョイスしたことのない選択肢」が「成功の糸」なのです。そして、「成功の糸」をつかむには「ルール化」が必要です。**

そして、「成功の糸」をつかみ、イッキに上を目指すか。それとも、階段を使って、一歩ずつ上を目指すか。

僕は迷わず、「箱だけのエレベーター」に乗りました。なぜなら、「いままで選択してこなかったもの」や「やったことのないもの」を、ルール化してつかむだけで、他の人々より、圧倒的に速いスピードで、成功できると思ったからです。

いままでチョイスしなかった選択肢↓「本を読み、セールスレターを書いただけ」で、新規顧客を獲得！

「いままで選択しなかったもの（＝成功の糸）をつかめば、自分のステージが上がる」

この仮説をはじめて証明できた「体験談」をお話しします。

僕がはじめてつかんだ「成功の糸」は、「ビジネス書を読んだこと」です。24歳のとき、社長の三輪から「よっち（僕のあだ名です）、この本を読んでみな」と手渡されたのが、神田昌典さんの著書『あなたの会社が90日で儲かる！』（フォレスト出版）でした。

いまでこそ僕は「1日1冊本を読む」と公言していますが、当時の僕は、「ゼロ」。人生で1冊もビジネス書を読んだことがなかったというありさまで、神田昌典さんのことも「だれ、それ？？？」というほどの無知で、無恥（笑）。テニスばかりしていましたから、スポーツソックスとかタオルをプレゼントされることはあっても（笑）、本をもらったのははじめてです。

それでも、**「いままでチョイスしなかった選択肢だ…、これがもしかしたら『成功の糸』**

かもしれない！」と思い、さっそく読んでみると、「セールスレターを出せ」とか「こうすれば売れる」みたいなことがたくさん書いてある。

「じゃあ、やったことはないけど、成果が出るというならやってみようか」と、神田昌典さんの例文を引用しながら、本を片手にその場で、即、セールスレターを作成。

3日後に新規顧客（おもに美容室のオーナー）に向けて300通のセールスレターを送ってみました。かなり「スピーディーな行動」だったと思います。

すると…、どうなったか？

なんと、送ってすぐに「40件」ものお申し込みがあったんです！

会社のファックスは朝から鳴りっぱなしで、「これ、すげえな！」と僕もびっくり。

なぜなら、僕がしたことといえば、読んだことのなかったビジネス書を読み、書いたことのなかったセールスレターを送っただけ（それも、神田昌典さんの例文を真似しただけ）。たったそれだけで、新規顧客がどんどん増えたのですから。

僕にとって、神田昌典さんの本を読み、セールスレターを送ることが、「成功の糸」（自分がいままでチョイスしなかった選択肢）でした。あのとき本を読んでなければ、いまの自分はありません。

新規顧客を得て、「自分だけの顧客リスト」を持つようになると、会社に貢献できる。その結果、少しずつ、会社のなかで僕の人権が認められるようになったんです（笑）。

バカ
6大奥義

奥義②

「超速行動」でエリートたちを置き去りにする

A：「量」で勝てなければ「スピード」で差をつけろ！

さて、「バカ6大奥義②」は、

【「超速行動」でエリートたちを置き去りにする】

です。

「人の倍の量、仕事しろ！」、「若いうちは休みなく働け！」とはよく聞く教えですが、

本当にそうでしょうか？

■圧倒的スピードで差をつける

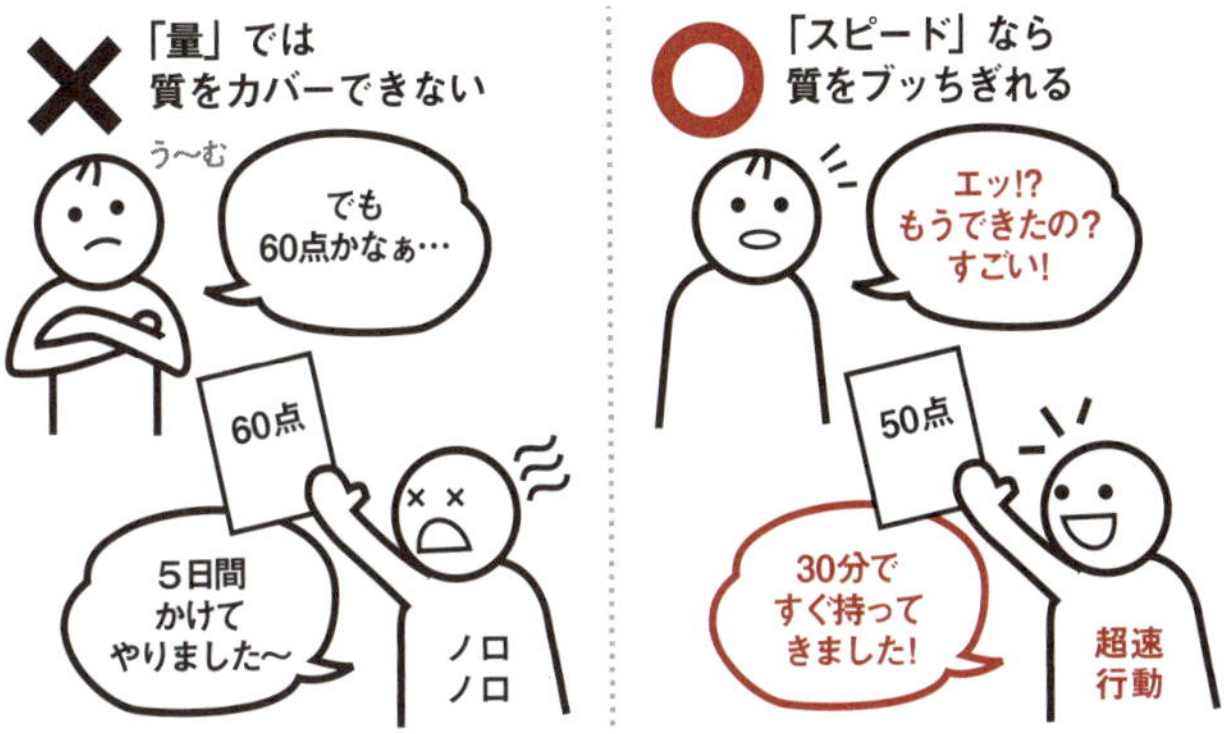

「量」では質をカバーできない
う〜む
でも60点かなぁ…
60点
5日間かけてやりました〜
ノロノロ
「スピード」なら質をブッちぎれる
エッ!? もうできたの? すごい!
50点
30分ですぐ持ってきました!
超速行動

輸入車関係の商社時代、入社当時に「なりふりかまわずやってやろう！」と決め、連日、家に帰っても、深夜2時まで仕事をし続けたことがあります。

ところが、1カ月たっても2カ月たっても、まるで成果は上がりませんでした。

自分なりにがんばりまくったつもりでしたが、評価は人並み以下。

僕には、行動の「量」で、「質（クオリティー）」をカバーすることができませんでした。

そこで僕は、こう考えました。

「量でダメなら、スピードだ！」

「質を高くできない分を、量でカバーしようとする人」はたくさんいるけれど、「質を高くできない分を、行動のスピードで圧倒的にブッちぎる人」は、ほぼいません。

「だとすれば、人の5～10倍のスピードで行動をするだけで、劇的&圧倒的に目立つことができるのではないか！」

これが僕の仮説でした。

「質」で勝負しようとすると、どうしても「非常に高い能力」が求められますが、「スピード」であれば、「すぐに、そして速く動けばいいだけ」だから、能力はいりません。僕のようなバカリーマンでもできるんですね。

53ページで書いたように、社長の三輪から本を渡された僕は、「いますぐ読んでいいですか？」といって、仕事そっちのけで「すぐ」に読みはじめ、読み終えると「その場で」セールスレターを書いたのです。

「40件の新規顧客」を獲得できた勝因は、「バカ6大奥義①」である「成功の糸」をつかんだあとで「フルスピードで、すぐに行動した」からです。

「仕事の質」をカバーできるのは、「行動の量」ではなく「行動のスピード」なのです。

それどころか、僕は、「スピードは、質に勝る」とさえ考えています。


「人の5～10倍のスピードで、超速行動しろ」

これが「バカ6大奥義②」です。

スピードは、それだけで「強烈なメッセージ」になる

「スピード」は、それだけで相手に強烈なメッセージを与えます。

たとえば、**「この人はすごい」とあなたの尊敬する人物から商品やサービス（お店、本、セミナーなど）を勧められたら、躊躇せずに、即、その場で購入（注文）してください。**

尊敬する人物のイチオシ商品だったら、「迷っているヒマ」などはありません。

「即、その場で買う！」たったそれだけのことで、「キミは将来性があるね！」と一目

置かれるようになり、その人と一瞬で親しくなれるのです。

僕が、あるセミナーに参加したときのことです。

となりに座っていたMサン（一部上場企業の取締役）と名刺交換をさせていただき、後日、もう一度お会いすることができました。

そのときMサンは、僕の名刺に「ビジネス書を1日1冊完読」と書いてあったことを思い出し、僕に尋ねました。

「伊藤クン、本はきちんと整理できているの？　積読《つんどく》になっていない？」

Mサンに指摘されたとおり、僕の家には、読んでいないたくさんの本が「積読」になっていました。

「積んであるだけで、読んでいない本もあるんです」と答えたところ、Mサンは「それはね、解決できるんだよ」と嬉しそうな顔を見せました。

解決策をうかがうと、

「ブックタワーを使うと便利だよ。仕切りが細かいから収納しやすいし、読みたいときにすぐ読めるし。私もこれで積読《つんどく》が解消されたのだけど、ええっと、商品名は何だったかな……？」

「おお、いよいよ超速行動の出番かぁ〜？」と思った僕は（笑）、持っていたパソコンをすぐに開き、Mサンが商品名を思い出す前に、「おそらく、これだろう」と目星をつけた商品を「ポチっ」と購入したんです。その間、たったの20秒……。

いままで手が届かなかった人とも、「太い人脈」が築ける

「Mサン、この商品ですか？　いま、購入しました！」

Mサンは僕の様子を見て、「そうそう、それだよ。えっ？　もう買ったの？」と、と

ても驚いてました。その3日後、Mさんは「メルマガ」で、僕のことを絶賛してくださったのです。

「勧められた商品をすぐにその場で申し込む人さえいる。自分の持ち場で活躍する人の行動の速さには感心させられます。普段から行動的だから、迅速なジャッジができるのだろう……」

といった内容だったと思います。

メルマガには僕の名前こそ出ていませんでしたが、あきらかに、僕の「行動のスピード」を評価してくださった内容でした。

僕がやったことといえば、**「ブックタワーをその場で、即、注文しただけ」つまり、「指をポチッと動かしただけ」ですが、圧倒的なスピードで行動を起こした結果、Mサンに強い印象を与えることができた**のです。

僕は、企画書も書いていません。プレゼンもしていません。ただ人より速くクリックしただけ。クリックするだけだから、おバカでもできる！　けれどそれがきっかけで、Mサン の会社（一部上場企業）から、その後、「コンサルティング契約」をいただくことができたのです。

ベストセラーになった『「朝4時起き」で、すべてがうまく回りだす』の著者、池田千恵さんと大の仲良しになれたのも、「フルスピードで行動した」からです。

池田さんが主宰する「朝食会」の話をご本人から聞いた僕は、その場ですぐさま「次はいつ朝食会が行なわれますか？　僕も行きます」といってスケジュール帳を開いて、即、申し込みをしました。

本当は、抽選で選ばれた人しか朝食会に参加できないのですが、僕のそのスピード感に驚いた池田さんが、ついつい、その場で申し込みを受け付けてくださったのです。

バカ6大奥義

奥義❷

「超速行動」でエリートたちを置き去りにする

B：「いままでになかった誘い」がきたら、即決しろ！

また、こんなこともありました。人材系会社のK社長にお目にかかったときのことです。

K社長とお会いするのはその日がはじめて。

1時間ぐらい話をしたあと、K社長から「海外視察セミナー」のお誘いを受けました。

「3週間後に、経営者やプロフェッショナルを集めて中国に行くけれど、どう？　伊藤クンも一緒に行かないか？」といわれたのです。

■「即決」は、相手にインパクトを与える

…ってわけなんだけど、やってみない？
先輩
どうせやらないよな…
ハイ、やります！！
先輩
なにっ？もう決めたの!?

僕は、K社長がどんなにすごい人か、会話をするなかで理解したので、1秒で「行きます」と即答しました。

何日間行くのかもわかりません。旅費がいくらかかるのかもわかりません。中国のどこに行くのかもわかりません。会社を留守にできるのかもわかりません。けれど、**「K社長の誘いならいいに決まっている！　ならば超速行動だ！」と思って(笑)、その場で「連れていってください」とお願いしちゃったんです。**

おそらくK社長も、「誘ってはみたけど、まさか来ないだろう」と思っていたと思います。

常識的に考えれば、「来ないだろう」と思いつ

つも、話の流れで僕を誘ってみた。ところが僕は、1秒で即答した（笑）。


目的地が「上海」だとわかったのは、旅立つ「前日」です（笑）。

空港には、同行する経営者のみなさんが集まっていて、あきらかに僕だけ異質です。

けれど、

「前日まで、中国のどこに行くのかも知りませんでした。とりあえずK社長に誘われたので来ちゃいました。なにをしにいくのかも、よくわかっていません」

と自己紹介をしたら、超インパクト大！

「よく来たな、コイツ」、「でもおもしろいな、コイツ」と思ってもらえたのか、参加者全員が、その一瞬で僕に心を開いてくれたんです。

「超速行動」で、プライベートでも「VIP待遇」

この奥義は、仕事のみならず、「プライベート」でもめちゃくちゃ使えます。

有名企業にお勤めで、「ある有名な複合施設に、レストランの誘致をしている」というAサンとお会いしたときのことです。

僕が、「来月、彼女の誕生日なのですが、施設内のレストランフロアでお勧めの店を教えていただけますか?」とうかがったところ、「イタリアンのおいしいお店を知っている」との返事。しかも「私が予約を入れても良いですよ。気が向いたらいつでも連絡をください」とまでいってくださいました。

そこで僕は**「では、いま、予約をしてください」と、その場で、すぐにお願いしました。**

相手の方は「え? 本当にいいんですか?」と聞き返されたので、「ハイ。お願いします」と、力強くお願いしました。

でも、「もしかしたら、すげぇ高級レストランかも」という不安が頭をよぎりましたが、この「バカ6大奥義」の仮説を実証するには、出費はつきものだと思いまして、「超速行動」

です（笑）。

そして、当日、彼女とレストランに向かうと、案の定、高級イタリアンでした。「ジーパンにパーカー」という普段着丸出しのかっこうが、いかにも恥ずかしい（笑）。けれどお店の方は、そんな僕に手厚いサービスをしてくださったのです。

マネージャーさんが、直々に出迎えてくださり、個室に招かれ、シャンパンをプレゼントされ、スタッフのみなさんが『ハッピーバースデー』を歌ってくれました。まさに「超ＶＩＰ待遇」です。

僕が「ＶＩＰ待遇」でもてなされたのは、僕自身に「実績」があったからではありません。予約をしてくれたＡさんに実績があったからです。僕は、他人の実績を借りただけ。このお店は、その後もたびたび利用していますが、そのつど、「特別なおもてなし」を受けています。

Aサンにしてみれば、**僕に「その場で、即、お願いされた」からこそ、「VIP待遇になるように、ちゃんと手回しをしておこう」と思った**のではないでしょうか。

「いつでも連絡してください」といってくださいましたが、とはいえ、僕が数週間後に連絡をしたなら、Aサンだって、「面倒だなぁ」と思ったかもしれません。

一歩一歩階段を上っていたら決して知り合えなかった人たちと、僕のようなバカリーマンが人脈を築けたのはなぜか。

それは、僕が「人の5〜10倍のスピードで動く」、「超速行動をする」というルールを決めていたからです。

K社長をはじめ、Mサンや Aサンなど、名のあるビジネスマンと、キャリアや、地位や、学歴を飛び越えて「親友」になれたのは、僕が「フルスピードで行動を起こした」からなのです。

「超速行動」を起こせば、成功者と「親友」になることができるし、「この前、教えてもらった方法がすごく役に立ったので、ほかの方法も教えてもらえますか？」と聞けば、「さらに良い方法」を必ず教えてくれます。

「人の5～10倍以上のスピード」で行動していると、自分よりも成功している人たちの成功パターンや勝ちパターンを知ることができるのです。

はじめに即決し、即決してから考える

「超速行動が大事」なのはわかっていても、普通の人は、躊躇したり、計算してしまって、どうしても「行動が遅くなりがち」ですよね。

「自分にとって、どんなメリットがあるのだろうか」と計算し、メリットがあると思えば、受け入れるし、メリットがないと思えば断ってしまう。

けれど、**「いつも自分の安全圏」にいて、「いつもと同じ思考」をしていては、自分を**

変えることも、相手にインパクトを与えることもできません。

だから僕は逆です。

「はじめに即決し、即決してから考える」。たとえ断るときも、「YES」と即決し、本当に「×」だったら、ちゃんとした説明をして、あとで「NO」と断るほうが、相手の印象を悪くしないと思います。その場で即決せずに、熟考したあげく1週間後に「NO」といったら、相手はどう思うでしょうか?

「奥義①」と「奥義②」の「コラボ技」なら、5倍以上の効果が得られる

奥義①「成功の糸は毎週木曜日に降りてくる」と、奥義②「超速行動でエリートたちを置き去りにする」を組み合わせた「コラボ技」はと～んでもなく強力です。

たとえば、「木曜日」に上司から「1週間後までに新しい企画をつくってもらえないか」

と頼まれたとしましょう。「木曜日」は成功の糸をつかむ日ですから、やったことのない仕事でも、引き受けるしかありません。

引き受けたら、「奥義②」を使います。**「超速行動」でいますぐ新しい企画をつくりはじめ、できるだけ早く、それこそ30分後には提出してしまいます。**

「質（クオリティー）」は「二の次」でいいので、一度、上司に見せて、チェックしてもらいます。

すぐに提出すれば、たとえ50％程度のできだったとしても、ネガティブな印象を与えません。それどころか、「すぐに見せにきた」という姿勢が高く評価されると思います。

僕のようなバカリーマンは、1週間、考えたからといって、100点満点の企画をつくれるとはかぎりません。せいぜい、プラス10点程度の違いです。だったら、すぐに提出したほうが得策です。

締め切りギリギリの1週間後に60点の企画書を出すくらいなら、30分後に50点の企画書を出したほうが「超インパクト大！」。「1週間後に提出する」よりも、5倍以上のインパクトがあるのではないでしょうか。

バカ
6大奥義

奥義❸

「弱点レーダーチャート」を使って、どんな大物もやっつける

A：「相手がほしがっているもの」を提供して「捨てられない存在」になれ！

「バカ6大奥義③」は、**【「弱点レーダーチャート」を使って、どんな大物もやっつける】**です。

この奥義は「自分より、スキルや経験値が上の人」に向かって繰り出す必殺の奥義です。

■どんな相手でも、必ず弱みを持っている

大学を卒業し、社会人経験を積むために「アライブ（株）」を一度離れた僕は、「輸入車のパーツを扱う商社」に入りました。

ところが全然仕事ができず（笑）、営業職として入社したのに、「工場の出荷作業」ばかりやらされるハメに。ホイールを梱包して、出荷。梱包して、出荷。毎日これの繰り返し。

「この状態、やべえな。このままだと、気持ちが腐ってしまいそう」と思った僕は、なにをしたか。「仕事に価値は見出せない」と思った僕は、どうしたか。

20歳のころから主宰していた「ＤＪイベント」

に欲求不満のはけ口を求めました。

当時のイベントは学芸会レベルだったので、「イベントをビジネスモデル化する」ことにコミット（責任をもって関わること）したんです。

イベントの開催は、毎月1回。ビジネスモデル化するには、「集客力」をつけなければいけません。そこで「タワーレコードにフライヤー（告知のチラシ）を置いてもらえたら、ラッキーかも」と考えました。


といってもなんの「ツテ」もありませんから、アポなしでタワーレコードの近鉄パッセ店を訪問。担当者らしき人を見つけて「フライヤーを置いてください」とお願いしてみたのですが、当然、追い返されました。当り前ですよね（笑）。

でも、こりずに翌月も頼みにいきました。追い返されました。ところが3カ月目には別の担当者が出てきて、「いいよ」とオーケーしてくれたんです！

フライヤーを置かせてもらえるようになると、「DJイベント」の集客数が増えてきました。けれど、喜んでばかりもいられません。見方を変えると、「フライヤーが置けなくなると、ＤＪイベントの集客が減る」とも考えられるからです。

「この担当者が異動になったり、機嫌が悪くなったり、気が変わったりしたら、置いてもらえなくなるかもしれない。そうなったら、ＤＪイベントは終わりだ……」

そう思った僕は、**「相手に捨てられない存在になる必要がある。そのためには、相手にとって『得になるもの』を提供したらどうか」**と仮説を立てました。

相手の得になるものを提供するには、まず、相手の「弱点」を知らなければいけません。いよいよ「弱点レーダーチャート」の出番です。

「さすらいのＣＤ配り」を続け、音楽業界で捨てられない存在に

彼らの「弱点」に目を向けてみると……、ありました、「弱点」が。

タワーレコードはCDのタイトル数が非常に多い。ですが、僕のDJイベントで流しているような、「小さなレコード会社のマニアックなCD」はなかったんですね。

そこで僕は、「インディーズだけど、クラブで人気のブッちぎりにカッコイイ曲」のサンプルCDを1枚だけ持参して、タワーレコードの担当者に聴いてもらいました。

すると担当者は、「これいいね！」と気に入ってくれて、お店に20枚置いてくれることになったんです。

CDはすぐに売れて、結果的には約300枚も売れました。**僕はタワーレコードにとっても小さなレコード会社にとっても「相手が得になるもの」を与えることができたわけ**です。

ちなみに僕は、タワーレコードに対しても、また、レコード会社に対しても、「バックマージンなどのお金」を、いっさい要求していません。僕にとって「イベントの開催をタワーレコードで告知できる」だけで、大きなバリューがあったからです。

その後、僕は、愛知県内だけでなく、岐阜や三重など、東海エリアのタワーレコード全店（当時は9店舗）に足を運ぶようになり、同じようにサンプルCDを配り続けました。自称、「さすらいのCD配り」です（笑）。

するとあるとき、東海エリアの「統括マネージャー」と称する人の目にとまり、「お前、おもしろいな。タワーレコードでなにかやりたいなら、俺にいってくれ。全部話をとおしてやるから」と声をかけてくださったんです！

そのひと言で僕は「よぉし！　東海エリアのタワーレコードにいろんな提案が可能になった！」みたいな気持ちになりましたね（笑）。

一方、配給元の小さなレコード会社にも「弱点レーダーチャート」を当ててみたら、やはり弱点がありました。

「小さなレコード会社なので人手が足りない。名古屋までは十分に営業できない」というのです。そこで僕が「かわりにやりますから」と手を挙げたところ、CDやノベルティーグッズがどっさり届くようになったんです。

「さすらいのＣＤ配り」を続けているうちに、レコード会社やラジオ局といった音楽関係者の間で、「僕の評判」が少しずつ知れ渡るようになりました。

「外国からアーティストを招待するので、パーティーを企画してほしい」、「タワーレコードと一緒にイベントをやりたい」、「ギャランティーをお支払いしますから、プロモーションを手伝ってほしい」といった相談や仕事の依頼がくるようになったのです。

こうして僕は、「ＤＪイベントのビジネスモデル化」を成し遂げ、音楽業界で「捨てられない存在」になることができたんです。

相手が欲しているものを提供すれば、重宝がられる

箸にも棒にもかからなかった無知で無名な僕が、タワーレコードでイベントの告知をしてもらえたのは、多少なりともタワーレコードの担当者の「得になるもの」を提供し、彼らに貢献できたからです。

彼らが持っていなかったもの（インディーズレーベルの人気ＣＤ）を、僕がかわりに補うことによって、しだいに重宝がられ、「箸にも棒にも引っかかる」ようになったわけですね（笑）。

僕は、タワーレコードでのこの経験から、**「どんなに優秀な人でも、どんなに大きな企業でも、弱点は必ずある」**ということを学びました。

程度の差こそあれ、優秀な人でも大企業でも「もっとこうしたい、ああしたい」という悩みや、欲求や、目標や、課題を抱えているんですね。

つまり、成功者にもなにがしかの「弱点」があって、その弱点に不安を感じている。だから僕は、「弱点レーダーチャート」を働かせて、「相手の弱点」を見つけ、それを補ってあげようと決めました。

相手が欲しているものを提供して、僕が弱点を埋める役割をすれば、「相手にとって自分は重宝される存在」になれるのです。

バカ
6大奥義

奥義③

「弱点レーダーチャート」を使って、どんな大物もやっつける

B：相手の「弱点」を知るには「8：2」の割合で人の話を聞け！

ある社長が僕に「息子がソフトテニスをはじめた。けれど、クラブチームではあまり教えてもらえないんだよね」とおっしゃったことがありました。僕は、すぐさま「じゃあ、僕が教えにいきます」と申し出ました。

「息子にもっと練習をさせたい」、「もっと上達させたい」という親心こそ、「社長の弱点」だと思ったからです。

いまも月一で教えにいっていますが、テニスを教えること（弱点を埋めてあげること）

■「8：2」の割合で探知する

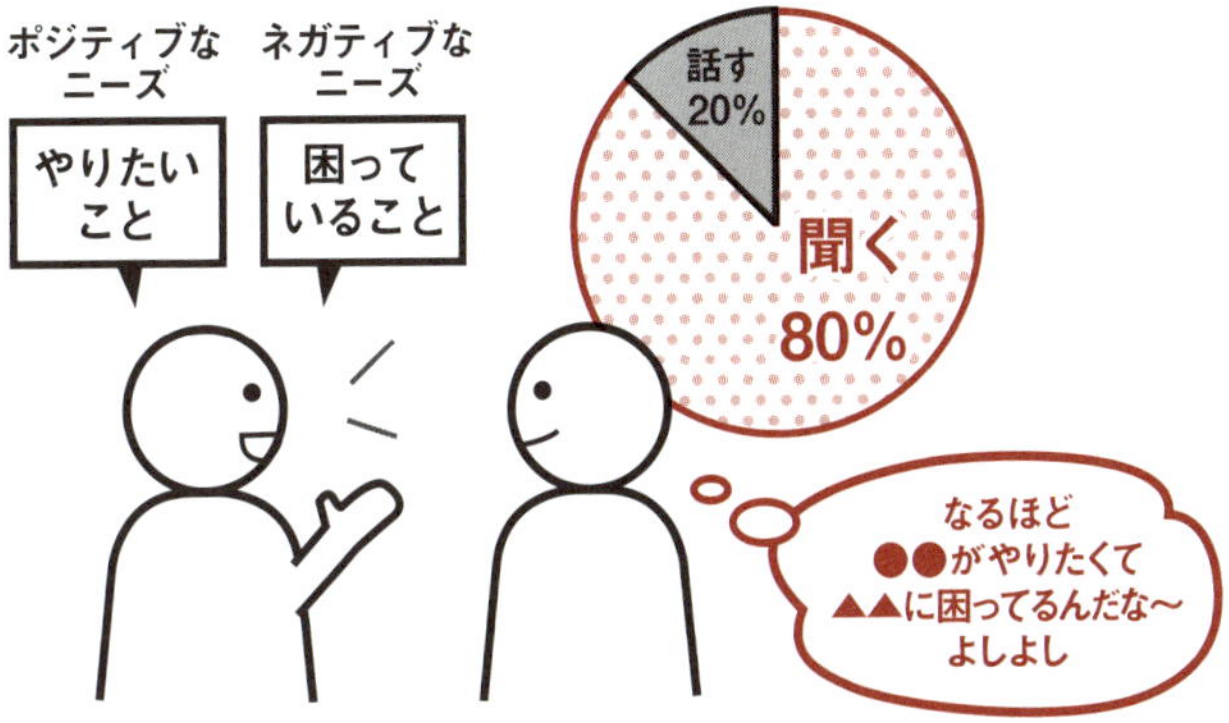
ポジティブなニーズ
やりたいこと
ネガティブなニーズ
困っていること
話す 20%
聞く 80%
なるほど ●●がやりたくて ▲▲に困ってるんだな〜 よしよし

で僕は先生となり、恩人となり、対等の立場とはいかないまでも、「40代社長と20代のバカリーマン」という明らかな上下関係に縛られないおつきあいをさせていただいています。

また、六本木ヒルズに住むカリスマ講演家・作家のSサンは、年収1億5000万円の億万長者。Sサンの話の端々には「エンタメ系の仕事への興味」がうかがえたので、ためしに「知り合いにレコード会社の人がいるので、CDを出してみたいと思いませんか」と振ってみた。すると、予想どおり「出してみたい!!」との返事。

レコード会社の担当者を紹介した僕は、それ以降、Sさんの仕事仲間として認められるようになりました。**「人を紹介するだけなら、バカでもできます」**よね。

「娘が音楽好き」というクライアントには、「すごく売れているコンピレーションCD（いろんなアーティストや過去の名曲のカバーがつまっているアルバム）をプレゼント」しますし、「ライブが好き」という知人の経営者とは、「チケットを取って一緒にライブに行く」こともあります。

いずれも、**「相手が欲しているもので、僕が提供できるものを渡しただけ」**ですが、それだけでも、相手からは一目置かれる存在になれるんです。

「相手の専門領域の話」はしない

だれでも必ず「弱点」を持っています。

では、どうやって弱点を探し出せばいいのでしょう？　それはもう「相手の話をよく聞く」しかないと思います。

コミュニケーションの基本は「8割聞いて、2割話す」といわれていますが、「弱点レーダーチャート」で相手の弱みを探知するときも、「8：2」の割合が基本です。

まずは「ヒアリングに注力」して、相手に話をさせる。そして、「やりたいこと」（ポジティブなニーズ）と「困っていること」（ネガティブなニーズ）をキャッチします。

相手から話を引き出すときは、「相手の専門領域の話はしない」のが僕の鉄則です。

たしかに、相手の専門領域の話（相手がいちばん好きなこと、得意なことの話）を聞いてあげれば、相手も気持ちよく話してくれるでしょう。

ですが、それだけでは自分を印象づけることはできません。**相手にとって欠かせない存在になるには、「自分の得意なテーマに相手を呼び込む」のが王道**なのです。

「自分より、スキルや経験値が上の人」と話をするときは、間違っても相手の「得意話」はしない。できるだけ「自分が詳しく知っているテーマ」を中心に話をするようにしています。

「自分が詳しく知らないテーマ」だと、なにを話したらいいかわからず、どうしても「おバカな自分の立場」が弱くなるからです。

たとえばクライアントの社長から「伊藤クン、ギリシャの財政危機が世界の株式市場に影響を与えているね」なんて話を振られたら、おバカな僕はなんと答えていいのかまったくわかりません（笑）。けれど、

「社長、この前の紅白歌合戦を見ましたか？」

「じゃあ、あのアーティスト知っていますよね？」

「あのアーティストのプロモーションはうちでやっているんですよ」


と、**僕の得意なテーマ（＝相手が不得意なテーマ）に持ち込めば、立場や評価が上がりはじめます。**仕事の話をせずとも、相手に自分を印象づけることができるのです。

僕は現在も大人気アーティストの「キマグレン」と一緒に仕事をしていますが、彼らとは「楽曲の話」は一切しません。

もし僕が彼らの専門領域に踏み込んで、「いい曲ですね、云々《うんぬん》かんぬん……」と評論をはじめたなら、僕はきっと、「いちファン」のままで終わっていたと思います。彼らだって、気を悪くしたでしょうね。

僕は、彼らが得意とする専門領域には踏み込まず、そのかわり僕の専門領域である「プロモーション」について言及したのです。「どう売るか」「どうデビューするか」という観点から、彼らをフォローしようとした。

だからこそ仕事へとつながり、「キマグレン」のメジャーデビューに関われたのだと思います。

「弱点レーダーチャート」で相手の弱点を見つけたら、自分の得意なテーマに相手を呼び込み、「自分の得意なこと」で勝負する。そうすれば、どんな大物だってやっつけることができるんです!!

バカ6大奥義

奥義④

99%の人がやらない「人に貸しを貯金」する技術

A：他人の協力がほしいなら、相手より先に「貸し」を与えておけ！

「バカ6大奥義④」は、**【99%の人がやらない「人に貸しを貯金」する技術】**です。

さて、ひとつ質問です。みなさんは、「銀行に貯金」をしていますか？

僕は、していません（笑）。

■お金を銀行に預けてはいけない

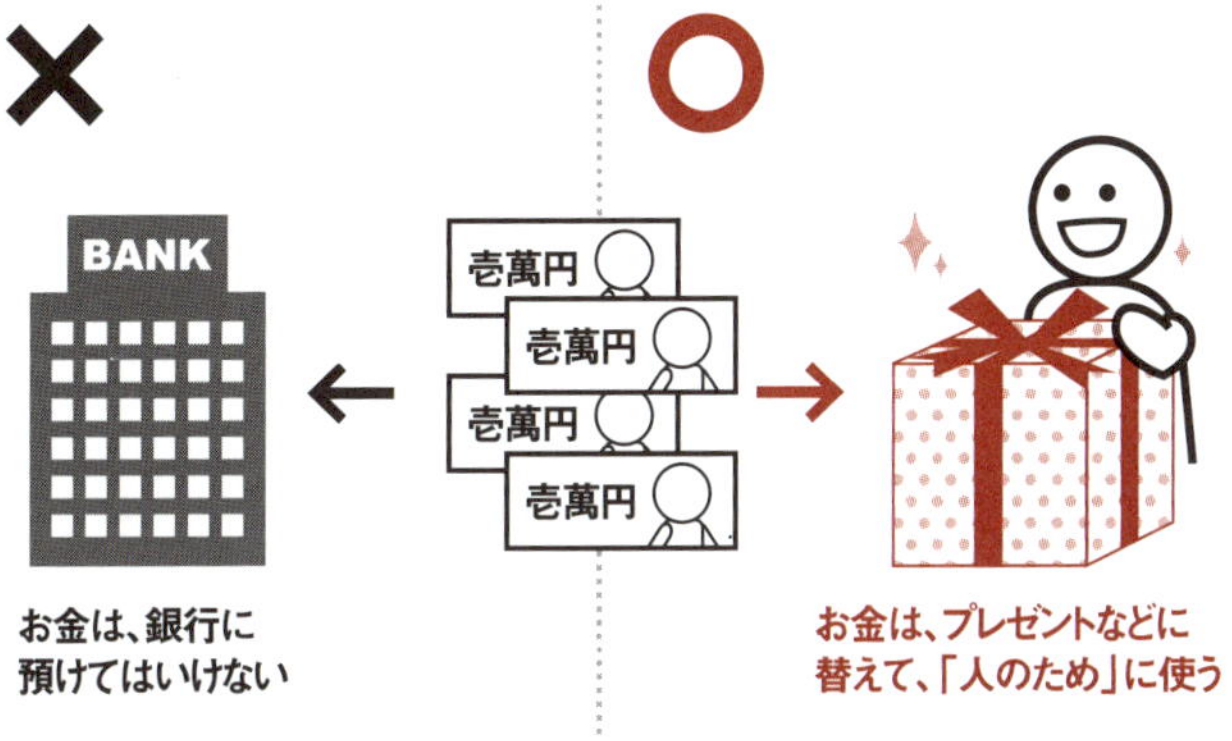
×
○
BANK
壱萬円
壱萬円
壱萬円
壱萬円
お金は、銀行に預けてはいけない
お金は、プレゼントなどに替えて、「人のため」に使う

年収は1000万円なのに、僕の銀行口座の残高は、毎月、毎月、月末が近づくと、640円くらいでしょうか（笑）。

僕はそれほど「無駄づかい」をするほうではありませんが、それなのに「銀行の残高」が640円なのはどうしてだと思いますか？

それは**「銀行以外のところにお金を預けたほうが、利息がいい」ことに気がついた**からです。

たとえば、銀行の金利が0・04％だとします。月々5万円ずつ貯金すると……、1年間で60万円。もらえる利息は、約300円ぐらい。ちょっと少なすぎますね。

そこで僕は、「銀行以外のところ」に毎月5万円を預けることにしました。

さて、どこに預けていると思いますか？

僕は、自分が「仲良くしたい人」にお金を預けています。

わかりやすくいうと、自分が仲良くしたい人に誕生日プレゼントを渡したり、ご馳走したりしているのです。毎月5万円は、そのための費用にあてているのです。

相手が「してほしい」と思っていることをしてあげる（＝貸しを貯金する）

ひとつ、質問しますね。

あなたが「貸しをつくっている人」（あなたに借りや恩を感じている人、といってもいいと思います）は何人いますか？

あなたに頼まれたら、「なにがあっても絶対に動く」といって、力を貸してくれそうな人は、何人いますか？

20代のビジネスパーソンにこの質問を投げかけると、ほとんどの人が「0人」と答えます。いてもせいぜい、「1〜3人」くらいでしょうか？

人に「なにかをしてもらいたい」と思うなら、あるいは「自分のために力を貸してくれる人を増やしたい」と思うなら、まず、自分から「してあげる」ほうがいい、と僕は思うんですね。いわゆる「ギブ&テイク」ですね。

あなたがたくさんの人に貸しを与えていて（「ギブ」をしていて）、その結果「あなたに借りがある人」が増えたとしたら、あなたはいずれ「たくさんの人の協力」を得られるようになります。

ところが、若いときは自分のことだけで精一杯だし、スキルも、人脈もないから、「なにを与えたらいいのか」、「どうすれば人の役に立てるのか」がわかりません。

だから、「ギブ」をしない。「ギブ」をしないから、当然、「テイク」もない。

僕もはじめは協力してくれる人が「0人」でした。けれど、いまは違います。

僕が困ったときに惜しみなく、全力で力を貸してくれる人は、少なく見積もっても、50人はいるでしょう。


年収が1000万円を超えたいまでも、無条件でなにかを与えたり、見返りを求めないで尽すという意識は、なかなか身につきません。**「バカリーマンの未熟なマインド」では、「無償の奉仕」という意識は、なかなかむずかしいんですね。**


そこで僕は考え方を変えました。どう変えたか。

「人に貸しを貯金する」というマインドに変えた。

「与える」と考えるとおこがましいし、「与えてしまうと返ってこないようなイメージ」になってしまうので、「相手に預かってもらう」と考えることにしたのです。「預かってもらう」のですから、これなら、いつでも返してもらえるイメージなわけです。

「仲良くしたい人」に誕生日プレゼントを渡すのも、「人に貸しを貯金する」という技術のひとつです。

「奥義③」の「弱点レーダーチャート」を使って、「相手がしてほしいと思っていること」、「望んでいること」をしてあげる。そうすると相手は「伊藤から、借りを預かった（伊藤に借りがある）」ことになります。

「貸し」は、「いつか引き出せる貯金」のようなものです。預けたものは、必ず返ってきます。

しかもじつは「人にした貸し」は、「何倍にも大きくなって自分に返ってくる」のです。

世の中で「いちばん利息が高い貯金は、人に貯金すること」なのですね。

バカ
6大奥義

奥義④

99％の人がやらない「人に貸しを貯金」する技術

B：若いうちは、銀行に貯金をするな！「人に貯金」するのがいちばん利息が高い

名古屋から東京に出てきたとき、僕には「すごく、やってもらいたいこと」がありました。それは、僕の誕生日に「サプライズパーティー」を開いてもらうこと。

かといって自分のバースデーパーティーを自分で企画するわけにはいきませんから（笑）、「じゃあ、1年間、いろいろな人に誕生日プレゼントをあげまくろう！」と思い、さっそく実行しました。

■「人に貸しを貯金」したほうが利息が高い

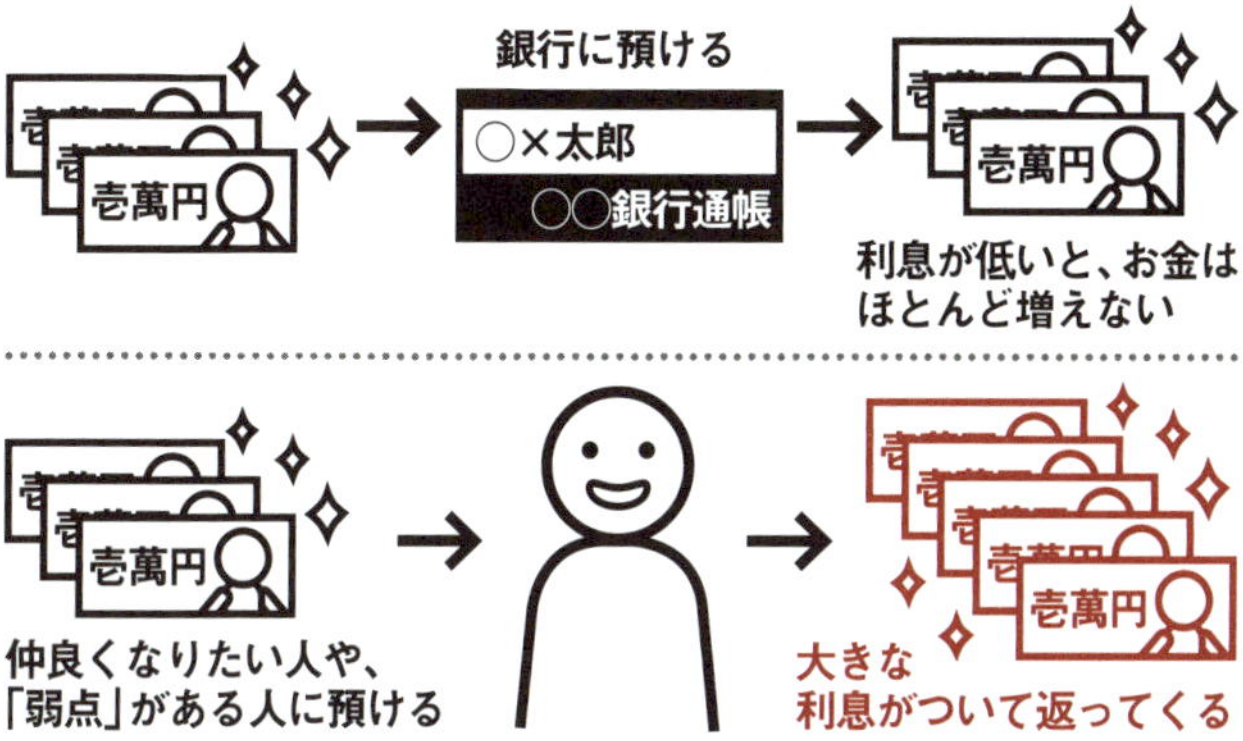
壱萬円
銀行に預ける
○×太郎
○○銀行通帳
壱萬円
利息が低いと、お金はほとんど増えない
壱萬円
仲良くなりたい人や、「弱点」がある人に預ける
壱萬円
大きな利息がついて返ってくる

その結果、すごいしかけの「サプライズパーティー」が僕を待っていたんです。

誕生日の数日前に、知人（Hサン）から「10月1日（僕の誕生日）は空けておいてね」と連絡がありました。

当日、僕は「ついに、この日がきたよ。これは、サプライズ誕生会だよ！」と胸高鳴りつつお店に向かったのですが、そこにいたのは、連絡をくれた当人だけ。Hサンには悪いのですが、期待していただけに「スーパーがっかり」でした。

カウンター席に座り、2人酒（しかも僕は、ほとんどお酒が飲めません）。2時間ほどたったころ、「奥の座敷が空きましたので、使ってください」と店員さんにうながされ、席を移動。30～40人は入りそうな座敷でさらに食事を続けていると、団体客が、ゾロゾロと部屋に入ってきたんです。

で、よく見ると……、団体客と思った人たちは、じつは全員が僕の知り合い。「僕がプレゼントをあげた人たち」だったんです!!

「カウンター席での2時間」は、サプライズのための布石でした。「今日は2人きりで終わりなんだ」と僕に信じ込ませるための演出であり、彼らは、別の部屋でずっと待機していたそうです。

しかもサプライズは、これだけではありません。お店のスタッフさんが「今日は名古屋からお祝いのメッセージが届いています」と、手紙を読み上げてくれました。

差出人は「アライブ（株）」の社長、三輪。「よっち、ありがとね」といった内容で、「めずらしくいいことするな～」と思っていたら「もうひとつ、サプライズがあります！」。

メッセージを読み終えたスタッフさんの言葉に、僕は意表をつかれました。

「じつは、このメッセージを書いたご本人が、この会場にいらしています!!」

三輪、登場。驚きました。名古屋にいるはずの三輪があらわれたのですから。

サプライズがいくつも仕掛けられた、手の込んだパーティーでした。けれどじつは、「僕の狙いどおり」でもありました（笑）。

なぜなら、**先に貯金しておいた貸し（知人・友人へ誕生日プレゼントを渡すこと）が、1年後、僕が引き出すころには、何倍にも大きくなって戻ってきた**からです。

僕がみなさんにあげたプレゼントは、だいたいトータルで毎月5万円です。

ところが、「弱点レーダーチャート」を使って「相手が絶対に喜んでくれるもの」をキャッチし、そこに投資した結果、何倍にもなって返ってきたのです。僕がいただいたプレゼントの総額は、僕がプレゼントした総額をはるかに上回っていました。

「人につくった貸しの利息」がいちばん高い

大手コンサルティング会社から独立された方（Nサン）と、セミナーでお会いしたことがあります。「Nサン、すげえ人脈を持っているな。仲良くなりたいな」と思った僕は、Nサンに「弱点レーダーチャート」を当ててみたんです。すると…、

「Appleってすごいね。子どものころに夢だったようなものが、商品になっているし……」といった会話から、「iPod touchをほしがっている」ことがわかったんです。

僕は、Nサンの誕生日に当時3万円程度の「iPod touch」を届けました。すると今度は、僕の誕生日にお返しをいただいたのです。中身は、「エルメスのカフス」でした。

さすがに値段を調べるのは気が引けましたが、「あくまでもこの奥義の効果を検証するためだから！」といい聞かせて調べてみたところ（笑）、5万円以上のものでした。

なんと、半年間で利息は70％！　奥義の効果、絶大すぎます！

もちろん「もの」だけじゃなく、いまもNサンから、仕事上のさまざまな助力をいただいています。

とくに若いうちは、お金を銀行に貯金しなくてもいい。**僕は、30歳までは「お金を人のために使う」と決めています。**銀行の残高は、640円のままでもOKです。それがひいては「自分のために使ったこと」になるからです。

わずかな金利をあてにして銀行に預けるより、「弱点レーダーチャート」を使って、「仲良くしたい人」に「貸しを貯金」する。そして「相手の弱点に投資」していれば、やがて大きな利息がついて自分に戻ってくると思います。

バカ6大奥義

奥義⑤

「夢や目標を捨て」て、身軽になったが勝ち！

A：夢がないなら、無理につくるな！「大きな夢」はカンタンには見つからない

「バカ6大奥義⑤」は、

【「夢や目標を捨て」て、身軽になったが勝ち！】

です。

さて、みなさん。「夢」はありますか？

僕には、ありません!!（笑）

■無理に「夢や目標」を持つと、動きが鈍る

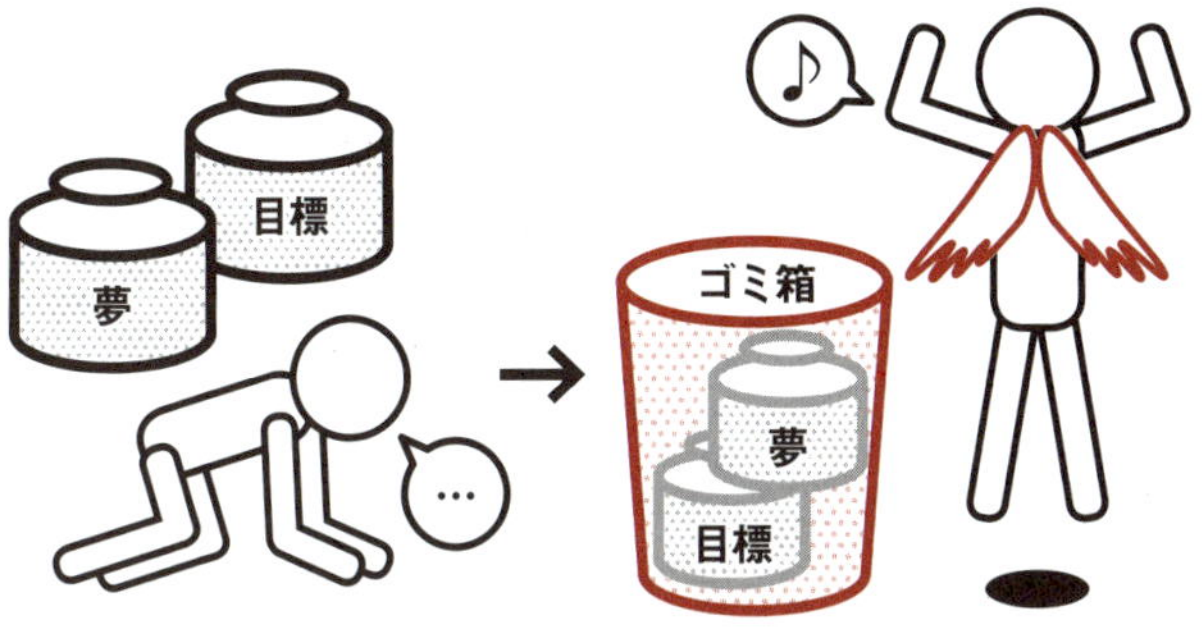

中途半端な「夢」「目標」があると身動きがとりにくい

中途半端な「夢」「目標」を捨てると、身軽になれる

みなさん、「目標」はありますか？

僕には、ありません!!!!（笑）

「伊藤サンの夢はなんですか？」と聞かれることがありますが、その質問がいちばんツライ。**だって僕は、正真正銘、「本当に夢を持っていない！」のですから。**

僕も、学生時代はそれなりに「夢や目標」を持っていました。中学、高校、大学はソフトテニスをしていたので、「レギュラーになりたい」とか、「インターハイで優勝したい」とか、「実業団に入りたい」とか…。

けれど実力が及ばず、アスリートとしての限界が見えてきたとき、友だちが僕に聞いてきたんです。

「で、おまえ、就職どうするの？」

彼は中国への留学を決めており、「明確な目標」を持っていました。けれど僕に目標はない。そんな僕に、彼はこういって突き放したんです。

「なにもねぇの？　かわいそうなヤツだな」

ショックでした。超腹立ちました（笑）。

「かわいそうなヤツ」といわれた同じ日の晩、ワタミ（株）の渡邉美樹さんがテレビ番組に出演されていました。そして、企業内ベンチャーに取り組む社員を後押ししながら、「夢に日付を入れる」ことの大切さを説かれていました。

「また、夢の話？　だからオレには、夢がないってば……」

昼間は友だちにバカにされ、夜はテレビにバカにされた気分になる。

僕はテレビを見ながら、心のなかで問いかけました。

「すみません、渡邉美樹サン。日付を入れようにも、そもそも、夢がありません。そういうおバカは、いったい、どうしたらいいのでしょうか？（泣）」

夢は「タイミング」が大事である

「夢は必ず実現する」
「夢を持てば能力が高まる」
「夢を持てば仲間ができる」
「夢を持てば毎日が充実する」

たしかに「正論」だと思います。
まったくもって、正しいです。

でも「夢がなければ、毎日が充実しないのか」といえば、そんなことはないと思う。

僕は、夢を見出せないまま、そして「かわいそうなヤツ」のまま社会人になりましたが、それでもいまは、毎日がグレートです（笑）。

なぜグレートなのでしょう？　それは**「バカ6大奥義」を実践しまくった結果、自分の「成長のステージ」がグイグイ上がっているのが、感覚的にわかる**からです。

俳優の桐谷健太サン（『ROOKIES』の「平塚」役などで知られる若手俳優）に一度お話を聞いたことがあります。彼は「俳優になりたい」という夢を、なんと幼稚園のころから持っていたそうです。すげえ！

でも、一方で、「ケンタッキーフライドチキンのおじさん」で有名な、カーネル・サンダースさん。彼のように、60歳を過ぎてから「ケンタッキーフライドチキンを創業」という夢を実現した人もいます。

ようするに、夢は「タイミング」なんですよ！

いまは夢が見えなくても、「バカ6大奥義」を駆使していけば、人生のステージが上がっていって、やがて夢が見つかるようになる。これが僕の理論です。

夢がもともとあるなら、持っていたほうがもちろんいい。でも、「いま夢がないのなら、無理やりつくらずに、ないままでもいい」と思う。

無理に夢を見つけようとすると、「いまの自分の枠のなか」で無理やり夢をつくろう

とするので、「小さな夢」「こぢんまりとした夢」しか見つかりません。

中途半端な夢を持つことで、「自分の可能性」を、自分でせばめてしまうことになりかねないのです。

僕たちが「成功の糸」をつかめなかったのは、じつは、「中途半端な夢」が逆にジャマをしていたからかもしれません。

心の底から望んでいない「中途半端な夢や目標」にしがみつくあまり、自分の本当の可能性をつぶしてきたのかもしれません。

僕の場合なら、社会人になるまで「ソフトテニス」に関わるものしかやってこなかった。それ以外のものには、まったく目を向けなかった。

だからチャンスはたくさんあったのにもかかわらず、「成功の糸」に気づけず、自分の可能性を取りこぼしていたのです。

そもそも**「自分の残りの人生をかけてもいい!」**と思えるような**「大きな夢」は、そんなにカンタンに見つかるものではないと、僕は、強く感じています。**

夢があれば、あったでいい。夢の実現に向けて全速力で突っ走ってください。

でも、もし、いま夢がないのなら、無理につくらなくてもいい。

「夢がない人は成長できない」みたいな風潮や論調に、僕らバカリーマンは縛られちゃいけないんです。

バカ
6大奥義

奥義⑤

「夢や目標を捨て」て、身軽になったが勝ち！

B：目的地を決めず行動しまくることで、「まだ見ぬステージ」へと上がっていく

「夢がないから、なにをしていいかわからない」、「目標が決まっていないから、行動を起こせない」と、自分の行動を制限する人がいます。

「夢探し」をしている人ほど「夢」は見つからず、5年も10年も「夢」を探したまま…。現実を受け止めず、行動を起こさず、「自分が不遇なのは、夢が見つかっていないからだ…」と言い訳をしているのではないでしょうか。

■ 目的地を決めずに、ジェット機に乗れ！

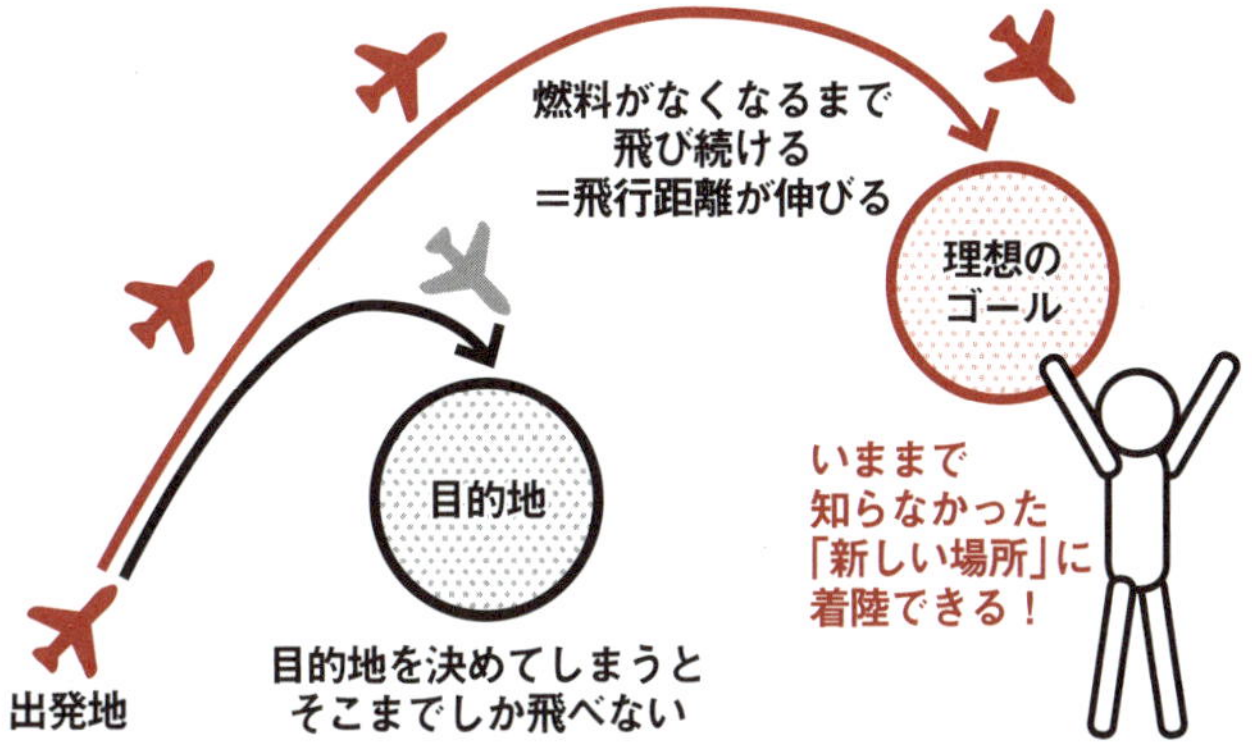
燃料がなくなるまで
飛び続ける
＝飛行距離が伸びる
理想のゴール
目的地
出発地
目的地を決めてしまうと
そこまでしか飛べない
いままで
知らなかった
「新しい場所」に
着陸できる！

そういう人は、夢や目標はなくてもいいから、とりあえず「バカ6大奥義」を使ってみてください。とにかく行動を起こしてみてください！

木曜日に「成功の糸」を見つけたら、すぐにつかむ。

そして、「超速行動」で、即、実行する。

「弱点レーダーチャート」を使って相手の「弱み」がわかったら、先に「人に貸しを貯金」する。夢がないなら、無理に探さなくていい…。

「バカ6大奥義」を何回も、何回も繰り返しながら、とにかく走り出したほうがいい。「自分のステージが上がってたどり着いた先」でしか、見られない夢や目標が、必ずあるはずです。

夢や目標が決まっていなくても行動を起こして、先に進んでみる。そして、たどり着いた「もうひとつ上のステージ」で、もう一回夢を考えてみる。見つからなかったら、さらに「バカ6大奥義」を繰り返して、また、その先のステージに行ってみればいい。

僕は、そうやってここまできました。

28歳になってようやく「バカリーマンの日本代表として、エリートにはなれなかった人の自己成長のモデルになりたい」という思い（願望）が芽生えてきました。夢や目標を持たないまま、とりあえず「バカ6大奥義」を使いまくってきて、自分のステージがすこし上がったから、芽生えてきたのだと思います。

燃料がなくなるまで、飛び続けろ！

目的地が決まっているジェット機は、高度を計算し、時間を計算し、安全に、慎重にゴールを目指します。

けれど、おバカな僕が乗っているジェット機に、目的地はありません。

「なんとなく、こっちの方向かな」という目星だけをつけ、あとは、フルスロットルです。

僕は、あらかじめ決められた目的地にソフトランディングしようとは思っていない。着陸するのは、飛びまくって、燃料がなくなったときだけ。

だから「目的地が決まっているジェット機」よりもずっとずっと、ずっとずっと飛行距離を伸ばすことができるんです。

僕が着陸する場所は、見たことも、聞いたことも、体験したこともない「まだ見ぬステージ」に違いありません。

けれどその「まだ見ぬステージ」にこそ、自分が考えてもこなかったような理想的なゴールが待っていると信じています。だから、ジェットスピードで飛んでいけるんです！

だったら、一度、ジェットスピードで飛んでみたいと思いませんか？

バカ6大奥義

奥義⑥

「逆さまの法則」で、アッという間に大成功

A：ほしい「評価」があるのなら、プロセスを大切にする

「バカ6大奥義⑥」は、**【「逆さまの法則」で、アッという間に大成功】**です。

24歳当時の僕の給料は、月給15万円でした。アルバイト時代は「月給1万円」でしたから、かなりの「大幅アップ」といえます（笑）。

■ビジネスの「評価」は、「プロセス」の先にある

×
これだけほしいです
希望給与額
うーん…
○
こんな実績出しました！
これだけほしいです！
実績
実績
実績
希望給与額
わかった

けれど、「アライブ（株）」に戻る前の「商社」に勤めていたころの月給は、約23万円でしたから、そのときと比べれば「大幅ダウン」は否めません。

本当の気持ちは、「月給を、もうちょっと上げてもらいたい」でした。

でも僕が「もっとお給料を上げてください」といったところで、「バカか、お前！」と追い返されるだけ。とても素直に聞いてくれる社長(三輪)じゃありません。

では、どうしたら給料は上がるのか……？

答えは、すぐに見つかりました。**「もっとほしい」と交渉する前に、「成果」や「実績」を上げておけばいい**んだと。

「アライブ（株）」の給与体系は成果報酬型ではありませんが、それでも、新しい顧客を見つけ、売上をグングン伸ばせば、社長だって「それじゃあ、もう少し給料を上げてやろうか…」という気になると考えました。

54ページで書いたように、美容室オーナーに向けてセールスレターを送り、新規顧客が増えたのを見計らって、「社長、そろそろお給料を上げてもらえませんか？」と交渉しました。

するとあっさり、「いいよ」という返事。

その3カ月後「バカ6大奥義」を駆使して人脈を増やし、新規の仕事が増えてきたところを見計らって、「社長、もうちょっと上げてもらえませんか？」と再度交渉。

すると今度も「いいよ」という返事。

こうして、売上が上がるたびに交渉を続けたら、半年後に月収は倍になり、その半年後にはさらに倍になり、倍倍で増えていき、気づいたときには年収1000万円です。

そもそもお給料とは、「やったこと」に対する対価であって、やる前から「これだけほしい」と求めるものではありません。

プロ野球の契約更改は、「今シーズン1年間の活躍」に対して「翌年の年俸」が決まるのであって、「今シーズンは1割でしたけど、来シーズンは3割打ってみせますから、1億円ください！」といったところで、相手にされませんよね。ビジネスマンも、それと同じです。「実績」を出してから「交渉」しなければ、スムーズにいくはずがありません。

仕事の責任を負った分だけ評価を得る権利がある

僕たちバカリーマンは、給料や、役職や、福利厚生など、先に「報酬」や「評価」（＝自分の利益）ばかり気にしてしまいがちです。

ところが、自分の権利を声高に主張することはあっても、「じゃあ、それを得るためになにかをしているのか？」といえば、していないことのほうが圧倒的に多い。

「プロセス」や「途中経過」には目もくれず、最初から「評価」や「目的地」だけを見ている気がします。

自分のやるべき仕事の責任を果たしていないのに、「評価」ばかりにこだわっているんです。

ですが、じつは、考え方を「逆さま」にするのが正しい！

給料や、役職や、福利厚生といった「評価」を得たいなら、そこまでの「プロセス」に目を向けること。

つまり、**「いくらください」という前に、「金額に見合うだけの行動」を起こしておくこと**です。

「バカ6大奥義」を使ってフルスピード＆フルパワーで前に進む。

そして、売上を伸ばす。

売上が伸びれば、怖いものはありません。胸を張って、堂々と、「給料を上げてください！」と交渉できるでしょう。


僕のまわりを見回してみると、プロセスを大事にしない人は、「自分が負うべき仕事の責任」を自覚していない人が多い気がします。

「自分が背負った仕事の責任に対して評価を得る」という考えができていれば、「プロセス」を大事にできるはずです。

「自分の評価は他人が決めている」と勘違いをしている人は、すぐに会社や他人のせいにして、「給料を上げろ」と権利を主張してしまいます。

ですが、**「仕事の責任を負った分だけしか、評価を得る権利は与えられない」**。これが僕の理論です。

バカ
6大奥義

奥義❻

「逆さまの法則」で、アッという間に大成功

B：外国人の友だちがほしいなら、「英会話スクール」に行くな！

ビジネスにおいて「プロセスよりも、評価を先に求めてしまう人」は、プライベートでも「評価（＝結果）を先に求める」のかといえば、案外そうでもありません。プライベートはまったく逆。

ものすごく「慎重」で、なかなか「結果を先にとりにいかない人」が多いんですね。

たとえば、「外国人の友だちをつくりたい。でも、自分は英語がしゃべれない」としたら、

■ プライベートは「結果」から逆算する

×
プロセス
結果
スクールへ通って英会話が上達
外国人の友だちを探す
○
結果
プロセス
外国人の友だちを探す
英会話が上達

みなさんはどうしますか？

普通のバカリーマンだったら、英会話スクールに通ったり、教材を購入したりして、「まずは、勉強しよう」と考えるでしょう。

でも、僕のような本物のバカリーマンは、そんなプロセスは一切無視（笑）。英会話学校に行くくらいなら、即、「外国人」を見つけちゃいます。外国人を見つけたら、とりあえず話しかける。しかも「日本語で話しかける」のが僕の流儀です。

相手が日本語を話せても、話せなくてもおかまいなし。だって「ここは、日本ですから!!」。

「郷に入らば郷に従え」ということわざがあるよ

うに、**英語がわからない僕より、「日本にいるのに、平気で英語をしゃべろうとする外国人」のほうが、あきらかに間違っているんです（笑）、だから堂々と日本語でしゃべればいいのです！**

だって逆に、ぼくらが「英語圏」に旅行に行って、平気で「日本語でしゃべりかけて、日本語が通じないことを相手の学習不足のせい」にしたら、あきらかにおかしいですよね！ ここは日本だ！ 日本語で話しやがれ！

……さて。とあるパーティーで、香港出身の証券マンと知り合いました。

彼は日本語がまったくわからず、広東語と英語しか話せません。

それでも、外国人の友だちがほしかった僕は、後日、彼にメールを送りました。僕は、英語がまったくわからないので「グーグルの翻訳機能」をたよりに「今度、２人で食事に行きませんか？（グーグル翻訳↓Next time you go to dinner together?）」ってメールを出したのです。**この英文が合っているかどうかすら、僕にはまったくわかりませんが（笑）、とにかく「外国人と友だちになるという結果」を真っ先にとりにいくために、突**

撃メールを送りました。すると、彼から来た返事は、「行こう」という返事。

彼は日本語がわかりません。それでも僕は、日本語で話しかけます。メニューを見せながら「なにが、食べたいんだ！」、「どれが、食べたいの？」と話し続けていると、そのうち彼のほうも察して、メニューを指差してくる。

「いま、ジャパンでしょ。ビフォーはホンコンでしょ。じゃあネクストはどこ？　フューチャー、フューチャー」と問いかければ、「彼が将来どうなりたいのか」がなんとなくわかる（日本のあとにイギリスに行き、そこでＭＢＡを取得したら、香港に戻りたいらしい…ということだけわかりました）。

僕の彼女の写真を見せてから「ユーはどうだ？」といえば、彼も写真を見せてくれました。なんとか、なるもんです！

プライベートは、「プロセス」よりも
いきなり「結果」を取りにいく

一方、彼もまた、おかまいなしに「英語」で話しかけてきます。

彼がなにをいいたいのか、僕にはさっぱりわかりません。彼が何度も同じことをいっているのはわかる。けれど、意味がわからない。だから答えられない。

3分経ち、5分経ち、10分経ち、それでも答えないでいると、レストランのスタッフさんが見かねて「『香港に来たことがあるか？』って聞いていますよ…」と、こっそり耳打ちしてくださいました（笑）。

スタッフさんもびっくりしたでしょうね。**「こいつ、まったく英語がしゃべれないのに、外国人と一緒にいるよ。全然、会話がなりたってないよ」みたいな（笑）。**

万事こんな調子でしたが、それでも僕らは盛り上がり、2時間半後には、すっかり意気投合していました。

その後、彼から電話をもらったことがあります。相変わらず彼は、おかまいなしに「英語」で話してきます。電話になると、僕には、彼がなにをいっているのか、さらにさっぱりわかりませんでしたが（笑）、「休暇中で香港に帰ってきている」ということだけはわかった。それだけで十分。それだけでもう「親友」ですよね！

テニスを覚えたいなら、フォームを１００万時間ビデオで勉強するより、実際に1時間打ったほうが価値がある。

中国について知りたいなら、本を１００冊読むより、すぐに中国に飛び立ったほうがいい。

頭だけで知っていることよりも、「体感」するほうが、何十倍も、何百倍も価値が高いんです。

「ビジネスは、プロセスから考える」、逆に、「プライベートでは、結果から考える」のが、じつは正しい。そのほうが速いし、得られる成果も大きいのです！

「バカ6大奥義」まとめ

❶「成功の糸」は毎週木曜日に降りてくる

「いままでチョイスしたことのない選択肢」を
毎週木曜日に必ずつかむ！

❷「超速行動」でエリートたちを置き去りにする

「成功の糸」をつかんだら、
神様もびっくりするほどの超速で行動する！

❸「弱点レーダーチャート」を使って、どんな大物もやっつける

いつ、どこで、だれと会っても、
必ずその人の「弱点」を探し出す

❹99%の人がやらない「人に貸しを貯金」する技術

「弱点」を見つけたら、
これまた超速で相手に貸しをプレゼントする

❺「夢や目標を捨て」て、身軽になったが勝ち！

「こぢんまりとした夢」は捨て、
奥義❶〜❹をとにかくやりまくる

❻「逆さまの法則」で、アッという間に大成功

仕事では「プロセス」に集中し、
プライベートでは強引に結果をつかむ

This Is It!
（さぁ、いよいよだ！）

「バカ15法則」で大逆転！

The Secrets:
Even an Idiot Can Earn
¥10,000,000 Per Year!

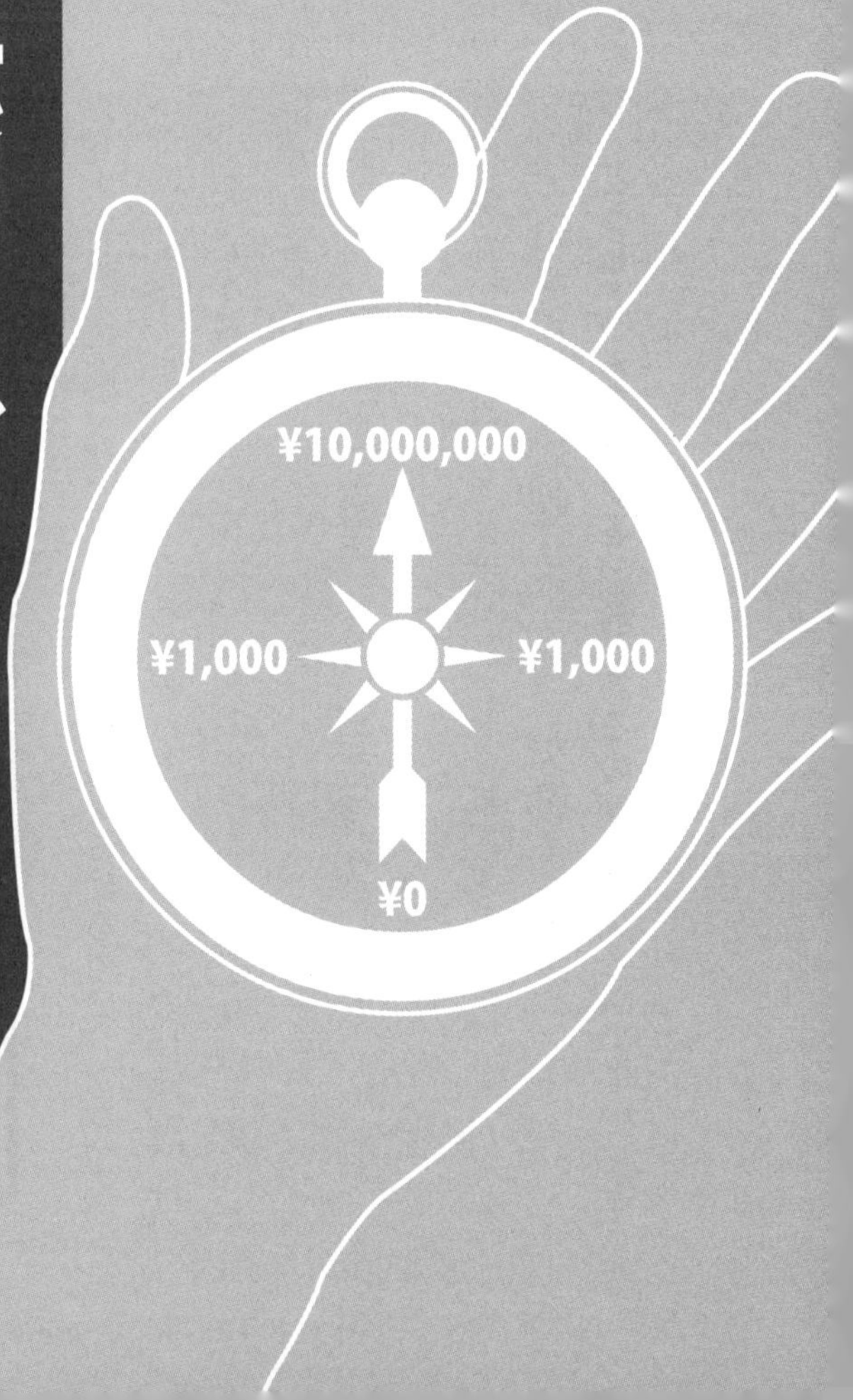

バカ15法則

法則❶

一撃必殺の「そもそも論」で差をつける！

「バカ15法則」は、「バカ6大奥義」の威力をさらにパワーアップさせるオプションです。「バカ6大奥義」がすべての仕事や人生に応用できる奥義だとしたら、「バカ15法則」は、より具体的に「じゃぁ、こういう場合はどうするの？」というような、「状況に応じたテクニックの使用法」になります。

ではさっそく、とっておきの「法則」をご紹介していきましょう。

僕はプロモーションの仕事をしているので、クライアント（お客様）から「ホームページをつくってほしい」という相談を、よくお受けすることがあります。

ところが、**「そもそも、どうして、それをする必要があるのか」**を突き詰めていくと、

■「そもそも論」でゴールを突き詰めてみよう

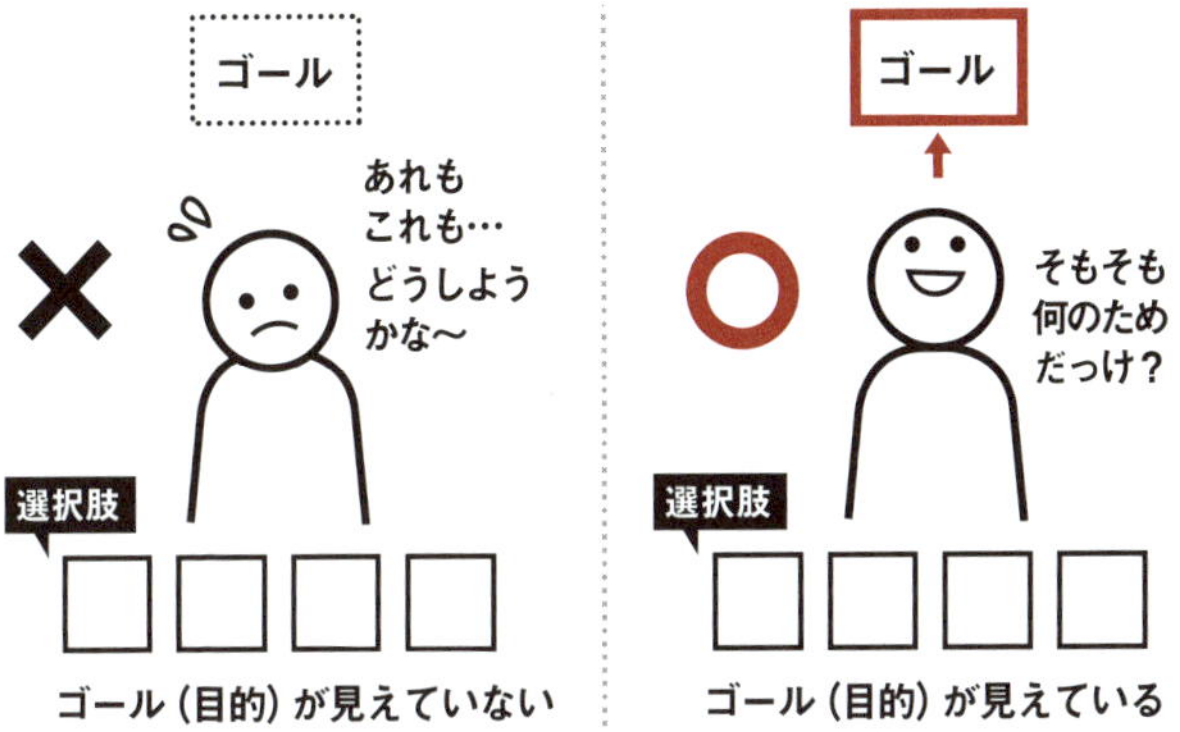
ゴール
あれもこれも…どうしようかな〜
選択肢
ゴール（目的）が見えていない
ゴール
そもそも何のためだっけ？
選択肢
ゴール（目的）が見えている

必ずしも「ホームページをつくること」がクライアントの「弱点」を補うことになるとはかぎらないのですね。

以前、お米の専門メーカーさんから、「ホームページ構築」の依頼がありました。

「売上を伸ばしたいので、新規客を増やしたい。ホームページ上で商品を購入できるようにしたい」という相談です。

ところが詳しく調べてみると、売上が伸び悩んでいる原因は「新規客が増えないから」というよりも、「既存客を失っているから」でした。

「売上を伸ばしたい」という「そもそもの目的」を果たすには、新規客より既存客に目を向けるべきではないか……。僕はそう思いました。

だとすれば、「お米がなくなったときに、すぐに購入できるしくみ」をつくるべきであり、パソコンで買えるホームページを立ち上げるより、「携帯でお米が買えるしくみ」をつくるほうが、主婦向けには収益を見込めます。

そこで、週に1回、お客様の携帯に「レシピとお米情報」を知らせるメルマガを配信。「いつでもすぐに、携帯でお米が買えるしくみ」を構築したところ、リピーターが徐々に増え、かなり売上が伸びていきました。

ですから、**「そもそも、どうしてそれをする必要があるのか」**、さらに**「そもそも、この仕事の目的はなんなのか、ターゲットはだれなのか」を立ち止まって考え直してみる**のです。すると、「最良の結果」を得ることができるのですね。

「技術や専門知識」はあくまでも手段にすぎず、「本質的な目的」ではない

「ツイッターをビジネスに活用したい」といっているのに、ターゲットの顧客がツイッターをやったことがなかったり、「SNSを使って顧客を囲い込みたい」といっているのに、ターゲットがパソコンを持たない高齢者だったり……。

ツイッターやSNSを使った成功事例はたしかにあります。だからといって、だれもが「やらなければいけない」わけではありません。

「そもそも論」で考えたときに、「本質的な目的」に合っていなければ、別の手段に目を向ければいいんです。

専門スキルや専門知識を持っている人ほど、「技術」を使うことにこだわる傾向が強いと思います。でも、技術はあくまで「手段」にすぎず、目的ではありません。

『アバター』はすばらしい映画でしたが、映画はそもそも「感動したり、楽しんだりするもの」であって、「3D技術を使う」ためにつくるものではない。だから、「『アバター』のような3D映画をつくれば売れる！」と思うのは、「そもそも論」的に考え直してみると、間違っていることがわかるのです。

バカ
15法則

法則❷

「一流探知機」をセットすると、一気に伸びる！

中学時代、僕はソフトテニスの「前衛選手（ネットプレイをする人）」でしたが、ストロークにもそれなりに自信があって、後衛選手（ストロークプレイをする人）のだれよりも上手でした。ところが、超強豪校との試合でコテンパンに打ち負かされ、「二足のわらじでは、本当の一流選手には勝てない」ことに気づかされました。

それからは前衛に専念。その結果、ソフトテニスの有名高校から声をかけていただきました。あのまま一流選手の実力を知らず、どっちつかずのまま試合に出ていたら、僕は「スカウト」されることはなかったでしょう。

■一流を知れば、自分のレベルもわかる

「6大奥義」を使って差を埋める
実力差
自分（バカリーマン）
一流の人

僕は、「一流」と呼ばれるレストランやホテルが好きです。それなりの値段はするので毎回というわけにはいきませんが、一流の理由を肌身で感じたいと思っています。

人脈を築くときもそう。**「だれとつきあうか」で、人間の成長スピードは変わる**ので、「一流の人」たちとつながることで、加速度的に成長できるのです。

僕が、わずか3年で「年収1000万円」になれたのは、元をたどると、東京に出てくる1週間前の「あるできごと」がきっかけでした。

僕は、「せっかく東京に行くのだから、自分の知っている人のなかで、いちばん成功している人

を訪ねよう」と考えました。そして、ある億万長者に連絡をしたところ、「ホームパーティーを開くから、伊藤クンもおいでよ」と誘っていただきました。

パーティーに行くと、そこには、音楽プロデューサーや、有名企業のコンサルタントなど、そうそうたる肩書きの方々がいて、僕の名前と、顔と、仕事を知ってもらうことができ、僕はいきなり、「一流ゾーンにいる人々」と面識ができたんです。

「一流」との差を埋めるために、「バカ6大奥義」を実践しまくる

一流の人たちと面識ができたからといって、僕が一流になったわけではありません。挨拶するだけで力の差を感じたり、「いまはまったく歯が立たない」と痛感したり。

けれど、**一流を知ったからこそ、「自分のレベル」を認識できた**し、どこを目指せばいいのかもわかった。自分と一流の間に開く距離がわかったのです。

「じゃあ、どうすれば、その距離が縮まるのか」。その答えが、「バカ6大奥義」です。

2年前、滝井秀典さん（キーワードマーケティングの第一人者）とお会いしたとき、僕はあまりのレベル（経験や知識）の違いに愕然《がくぜん》としました。話にならない。けれど、そこから成長して、いまは、話ができる。それは「バカ6大奥義」をひたすら実践することで、僕自身、成長することができたからです。

もし僕が、「自分と同じレベルの人」としか接していなかったら、いまも昔と同じレベルで、もがいていたことでしょう。


僕はセミナーや、パーティーや、懇親会に出席すると、いつもこの**「一流探知機」をセットして「一流の人」を探して、話にいきます。**

そして「この人は、一流だ！」と思える人に出会ったら、「弱点レーダーチャート」を使って「弱点」を発見。そして、必ず、「先に貸しをプレゼント」しています。

この習慣をつくっておくと、「一流の人」とコミュニケーションがとれるようになり、しだいに自分のレベルも「一流」に引き上げられていくことでしょう。

バカ
15法則

法則❸

どんな選択でも迷わない「1秒即決法」

仕事をしていると、さまざまな選択を迫られるときがあります。ですが、能力的にも経験的にも貧弱なバカリーマンである僕らは、「なにを選べば正解なのか」、「どちらを選べば得するのか」がよくわからず、なかなか選べないことが多いですよね。

けれど、「バカでも年収1000万円メソッド」を習得した僕は、そんなことでは迷いません。どんな選択を突きつけられても、「1秒即決法」で選ぶことができます。

なぜなら、**「やりたいか、やりたくないか」これだけを判断基準にしているから**です。

だって、「やりたいほう」を選べば、自分のパワーを発揮できるじゃないですか。

「できる、できない」とか、「得する、損する」とか、「正解、不正解」とか、僕は気に

■選択肢よりも、選んだ後のパワーが大事

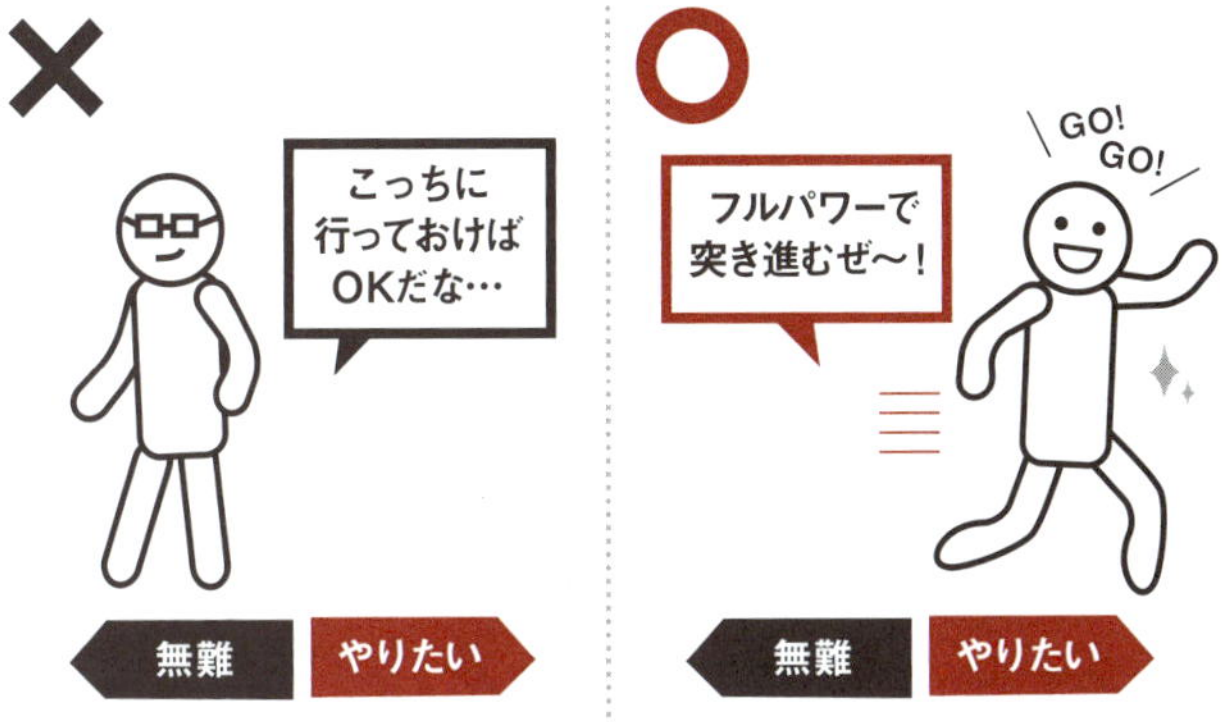
×
こっちに行っておけばOKだな…
無難
やりたい
○
GO! GO!
フルパワーで突き進むぜ〜！
無難
やりたい

しないし、考えないほうがいいのです。**それよりも、「自分が単純にやりたいほう」を選べばいいのだから、頭を悩ますこともありません。**「1秒」で終わりです。

後輩のウェブディレクター、Fクンは、「ウェブディレクターからデザイナーに職種を変えるべきかどうか」悩んでいました。

話を聞いてみると、彼の会社にはデザイナーが不足しているため、社長から「興味があれば、デザインの仕事をする気はないか」と、部署の異動を打診されたようです。

僕は尋ねました。

「ディレクターとデザイナーなら、Ｆクンが本当にやりたいのはどっち？　自分のパワーを発揮できるのはどっち？」

　Ｆクンの「やりたいほう」は、ディレクターでした。

ディレクターの仕事をしていれば、フルパワーを発揮できる。「会社の事情」を優先してデザイナーの部署に異動してしまったら、パワーは半減してしまう。

　結果的に、Ｆクンの選択は社長にも認められ、いまもディレクターの仕事にフルパワーで取り組んでいます。もちろん、成果を上げ、会社にも貢献しています。

仕事の成果は、「選択肢の正しさ」では決まらず、「選んだあとの行動」によって決まる

　仕事の成果は、「選んだあとの行動」によって決まります。選んだあとで、「どれだけエネルギーを費やしたか」、「どれだけパワーを投入したか」によって決まるのであって、選択肢やポジションによって可否が決まるわけではありません。

　それなのに、多くの人が**「どちらの選択が正しいのか」**にばかりフォーカスして、**「道**

を選んだあとのフルパワー行動」をおろそかにしている気がします。

「Aの仕事」にするか「Bの仕事」にするか、時間をかけて悩んだ末、Aを選んだ。けれどAでは結果が出なかった。

では、あのときにBを選んでいたら、結果が出せたのでしょうか？　Aの仕事がうまくいかなかったのは、選択が間違っていたからではありません。Aを選んだあとの「パワーの投入量が足りなかったから」です。

成果を出すには、「フルパワーを投入して行動すること」それ以外にありません！

そのためには、フルパワーを投入しやすいほう、つまり、自分の「やりたいこと」、「好きなこと」、「得意なこと」を選べばいい。

だって、「自分はこれをやりたいから、やらしてくれ！」といった以上は、フルパワーでやりますし、当然、成果だって、全然、違ったものになるんですよね。

バカ
15法則

法則④

「プチ幽体離脱」で、相手を遠隔操作する

日本国内で430万部突破のベストセラーである『人を動かす』（創元社）のなかで、デール・カーネギーは「相手の立場に立って考えること」の重要性を説いています。

けれど、「相手の立場に立つ」のってですね…、むずかしくないですか？

そもそも、**人間は基本的に「自分の立場で考えることについては得意なのですが、相手のことを、相手の立場に立って考えるのって苦手な生き物」**なんですね。

そこで僕があみ出したのが、「プチ幽体離脱」というテクニック。

自分の魂が「幽体離脱」して、相手に乗りうつったつもりで、相手になりきってみる。

そうすると、「相手から見て、自分はどう映っているのか」、「相手は、なにを望んでい

■「プチ幽体離脱」で、相手になりきって考える

お金が
かかるだろうな〜
なるほど、それなら
お金の問題を
何とかしよう
自分
相手
プチ幽体離脱！

るのか」が、見えてくるんですね。

「アライブ（株）」の東京オフィスを「代々木上原から表参道に移転させたい」と思ったとき、僕は「プチ幽体離脱」をして「社長の目に僕のやることがどう映るだろうか」をイメージしました。

するとわずか10秒考えただけで、「僕がどのような条件を持ち出せば、社長が引っ越しにOKするか」がわかったのです。

「フリーレント（家賃が数カ月無料）の物件を探せば、実質、敷金・礼金がタダになる。それプラス、引っ越し費用の半分を自分で持つ！　と言えばOKを出してもいいなと、社長だったら思うな…」と。そして、実際に社長にそう言ったらOK

が出て、スムーズに引っ越しができました。

人間関係の問題も、相手になりきれば「10秒」で解決できる

相手と意見がぶつかったら、すぐに「プチ幽体離脱」をして、相手になりきってみましょう。「相手がどうして腹を立てているのか」がわかるはずです。

後輩のTクンは、クライアントからのクレームに悩んでいました。彼は「どうして自分が信頼されていないのか」その理由がわからないというのです。

そこでさっそく「プチ幽体離脱」。クライアントの目に、自分がどう映っているのかを、Tクンにイメージしてもらいました。するとTクンは、「相手が自分に求めているもの」がわかったというのです。

「僕はほとんど、クライアントからの電話に出なかった。やりとりは、形式的なメールだけ。そんな僕に熱意を感じなかったのではないか。僕がクライアントなら、土曜日でも日曜日でも話ができて、一緒に仕事に取り組める若いパワーがほしいと思う」

その後Tクンは、休日も返上してクライアントと話し合い、信頼を得るようになったそうです。

また、「部下との人間関係」に悩むデザイン会社の経営者は、「プチ幽体離脱」でコミュニケーションを改善させました。

「プチ幽体離脱」をして部下の目で自分を見たら、そこには、「まだ十分なスキルを持たない部下に対し、レベルの高い仕事ばかり押しつけている自分」がいたそうです。

そのことに気がついた社長は、部下への指示をあらため、部下に慕われるようになりました。わずか10秒の「プチ幽体離脱」で、関係を修復できる解決策が浮かんだのです。

目をつぶって、心を落ち着け、「プチ幽体離脱」をして相手に乗りうつるようなイメージで「どういうことをされたら、相手は喜ぶのか」を想像してみる。ゲーム感覚でもOK。これだけで、仕事の成果や人間関係が「劇的に変わる」んですね。

バカ
15法則

法則⑤

「悔しいを貯め込む」だけで、自然と大逆転できる！

上司から受ける理不尽。先輩からバカにされる屈辱。同期に差をつけられるむなしさ。右を見ても左を見ても、上を見ても下を見ても、世の中、悔しいことばかり。そんなとき、居酒屋で愚痴をこぼしたりしていませんか？「うさ晴らし」をしていませんか？　癒されたいと思っていませんか？

じつは、「悔しさ」は、行動するための、最も大きなエネルギー源なのです。だから悔しさを流しちゃいけません。悔しさは、貯め込まなくちゃ。貯めて、貯めて、貯めて…、そして、勝負のときに、ドッカーン！　と爆発させるんです！

■「悔しさ」を貯め込んで、爆発させる

聞いて、聞いて！今日こんなことがあってさ〜
えーっマジでぇ
明日ぜったい見返してやる…
メラ
メラ
メラ

後輩、Mクンのストレス解消法は、「自宅に帰って映画を観ること」でした。仕事でイヤなことがあると、夜遅くまでDVDを観る。そうすると現実逃避できて、ベッドに入るころには、スカっとした気持ちになっているのだとか…。

ただし、夜中まで起きているので、翌朝は体調がすぐれない。寝不足のまま仕事をすることになるし、そもそも、「ストレスの原因」が根本的に解決されたわけじゃない。

そこで僕はMクンに、「映画を観ちゃダメ！」と指摘しました。

映画を観なくなったMクンは、「悔しい気持ち」のまま寝ることになります。でもその悔しさがM

クンを突き動かしました。「悔しいから見返してやろう。明日は早起きをして、だれよりも早く出社してやろう！」というエネルギーに変わったんですね。

悔しさは、「自分を変えるエネルギー源」になる

僕が、月給1万円でもアルバイトを辞めなかったのは、ただただ、悔しかったから。「おまえのようなバカに、生きている資格はない！」とバカにされても、友だちに愚痴をこぼすことはなかった。慰めを求めることもなかった。お酒を飲むこともなかった。**ただただ、「いつか見返してやる！」と思って行動していました。**

僕はアルバイト時代に、印刷物などをチェックする作業をしていましたが、社長から罵倒されるたびに「怒りのマグマ」が吹き上がり、「このチェックの仕事だけは、絶対、だれにも負けねぇ。この仕事だけは、譲れない！」と決意しました。

その結果、僕は、なんと一度もミスをしなかったし、「あいつはバカでなにもできな

いけど、チェックの仕事だけは任せたほうがいい」と評価を得ることができたんです。

僕は内心、「ざまぁみろ！」と思いましたけど（笑）。


悔しいから、「見返してやろう」と思う。

見返すために、「自分を変えよう」と思う。

自分を変えるために「成功の糸」をつかもうと思う。「超速行動」を起こそうと思う。

悔しさは、「自分を変える」ための、モチベーションになりますし、悔しさは、新しいことにチャレンジするための、エネルギー源になります。

若いときは、楽しいことよりも悔しいことのほうが多いですよね、きっと。だったら、悔しさから逃げないで、向き合ってみる。そして、悔しさを成長の糧にする。

「草食系」なんて、僕に言わせれば「ふざんけなよ！」という感じです（笑）。傷ついても癒しなんて求めちゃダメ。バカリーマンなら、「悔しさ」を、貯めて、貯めて、貯めて、「怒りのマグマ」を爆発させ、それを仕事に活かそうじゃありませんか!!

バカ
15法則

法則❻

人から褒められたときのために、「ガッツポーズ練習」をする！

僕は、「悔しさ」を貯め込んでエネルギー源にしていますが、悔しさ以外に、もうひとつ大きなエネルギー源を持っています。
それは「褒められること」です。

日本人は謙虚な性格なのか、褒められると「いやいや、そんなことありませんよ〜」と謙遜したり、「どうせ社交辞令だろう」と否定的にとらえがちですよね。ぶっきらぼう、とまではいかないまでも、「嬉しくなさそう」な雰囲気をかもし出す人もいます。

でも僕は、褒められたら、それが社交辞令であろうとなかろうと、言葉に裏があろう

■「褒められ上手」になろう

✕
おっ、今日もかっこいいねえ
いえいえ、そんな…
○
おっ、今日もかっこいいねえ
ありがとうございます！

となかろうと、「喜んで受け入れる！」ようにしています。**「120%の笑顔と、ダイナミックなガッツポーズ」で、「ありがとうございます！」と、喜びを表現しているんです！**

僕は、いろいろな方から「伊藤サンは、毎日楽しそうに生きていますよね！」といわれますが(笑)、それはたぶん、人からいただく褒め言葉を「素直に受け入れているから」です。

僕は凡人だから、いただけるものはすべていただこうと思っています(笑)。褒められたら嬉しいし、「また褒められたい」、「もっと認めてほしい」と思ってがんばれるんですね。

この積み重ねが、「毎日楽しそうに生きている人」という評価につながっている気がします。だから、褒められたら、大いに喜んでいいのです。

素直に受け取る能力で、「褒める・褒められる」の好循環をつくる

それにですよ、僕が喜ぶと、「褒めた人」だって嬉しいと思うんです。

僕が「いやいや、そんなことといって、本心は違うんじゃないですか？」なんて嬉しくなさそうな態度を見せたら、褒めたほうだって「伊藤、オマエ、認めろよ。素直じゃねぇな！」と気を悪くしますよね。

だけど、

「えっ、ほんとですか？　もっと褒めてください！」

「ありがとうございます！　もっと褒めてもらえるようにがんばります!!」

と、**「素直に受け取れる能力」って、とっても大切**なんですよ。そしたら、「あいつ、おもしろいな！」とか、「伊藤は『褒めがい』のあるヤツだから、また褒めてやろう！」と思って、相手も気を良くするのです。

だから僕は、「褒められ方」にも気を配っています。鏡の前でガッツポーズの練習をしているのは（笑）、「褒められ上手」になるためです。

それに僕だって、**「褒められたら、褒めてくれた人を褒め返そう」、「自分がやってもらったことを、今度は自分がしてあげよう」と思うようになるので、よりコミュニケーションも円滑になる**のです。

「褒める↔褒められるのサイクル」ができると、人間関係が楽しく明るくなるし、レベルの違う「一流の人たち」からも目をかけてもらえるようになるんですね。

バカ15法則

法則⑦

「完璧コピペ」なら、超カンタンに成功する！

上司からアドバイスをもらったり、本を読んで学んだりした情報を、だれもが「自分なりにアレンジして習得しよう」としてしまいます。人の良いところを「そのままコピーしたり、真似しちゃうと、カッコ悪い」と思うのでしょうね。

でも、ちょっと待って。僕は、大いに「完璧コピペ（完全に真似すること）」すべきだと思うのですね。

だって、自分よりも実績や結果を残しているプロのアドバイスをですよ…、**「プロより劣っている自分が勝手にアレンジしちゃったら、失敗する確率のほうが高くなる」**と思いませんか？

■「自分なりのアレンジ」は加えない

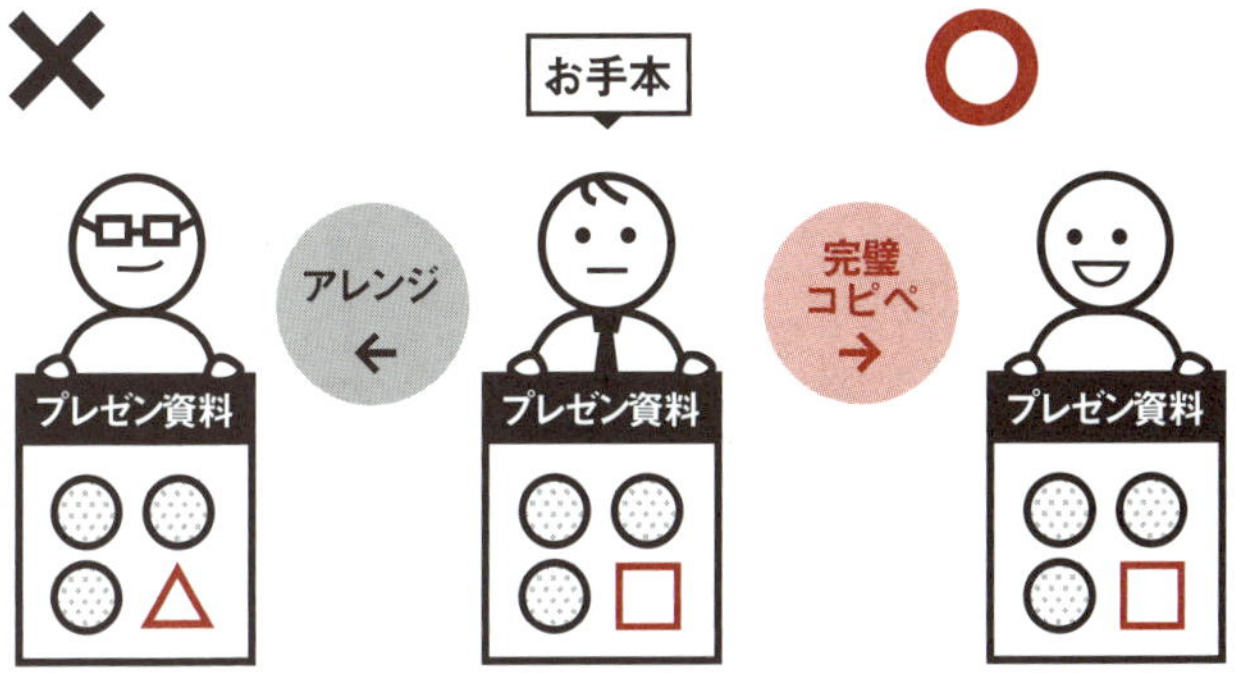
お手本
アレンジ ←
完璧コピペ →
プレゼン資料
プレゼン資料
プレゼン資料

芸事や武芸の世界には、「守《しゅ》破《は》離《り》」という言葉があります。

成長の段階（3つの段階）を示したもので、カンタンに説明すると「はじめは教えを忠実に守る（守《しゅ》）。次は守の学びを洗練させて工夫を加えて破っていく（破《は》）。最後に師から離れ独自の道を確立させる（離《り》）」という思想で、「守破離」です。

ビジネスも、これと一緒です。

まずは「完璧コピペ」。そして実績ができてから、自分なりのアレンジを加えていけばいい。「私はまだまだ未熟だ」、「僕はまだまだバカリーマンだ」、「私はまだまだこれからだ」と思っている人は、「自分なりのアレンジ」なんて、まだまだ100万光年早いっちゅ～の！　**自分の型をつくる前に、まずは「プロが実績を出している型」を覚えるために、「完璧コピペ」をすべき**なんです。

バカリーマンに必要なのは、「アレンジ力」より「完璧コピペ力」

ある「コンピレーションCD」のプロモーションを依頼されたときのことです。

音楽CD業界では、「3万枚売れればベストセラー」といわれていますが、このCDは、曲がすっごく良くって、ポテンシャル的には、10万枚売れてもおかしくないと思ったんですね。

ところがこのレコード会社は、これまで「4万枚」以上のセールスを出したことがありませんでした。「いままでと同じじゃ、10万枚は売れないだろう。さぁ、どうしようか……」と考えているときに思いついたのが、「セールスレター」です。

なぜ、「セールスレター」か。それは、前日に、たまたま、「セールスレターのセミナー」

を受けて、ノウハウを勉強したばかりだったから（笑）。「昨日のセミナーで学んだ手法を、そのまま完璧コピペすればいけるんじゃないか」と思ったんです。

ＣＤの場合、ＣＤを買ってくれる「お客様」に対して宣伝をするのが一般的です。けれど、それ以前に「店頭」に並んでいなければ、買ってもらえません。そこで、「お店のバイヤー（発注者）」に的をしぼって、セールスレターを送りました。

僕は「前日に参加したセミナー」で習ったことを、そのまま実践しただけですが、「完璧コピペ」の効果は絶大でした。初回の注文だけで「3万枚！」に達し、トータル、「25万枚!!」を記録したんです！

この本の出版も、そう。出版プロデューサーからいただいたアドバイスをそのまま取り入れ、出版社にプレゼン。すると編集者の目にとまり、出版が決まりました。もし出版経験のない僕が、プロデューサーからのアドバイスを「アレンジ」していたら、この本は生まれなかったかもしれません。

まだまだ未熟なバカリーマンにとって、圧倒的に必要なのは、アレンジ力でも、アイデア力でもなく、「完璧コピペ力」なんです!!

バカ
15法則

法則❽

ビジネス交流会に行くときは「名刺は1枚」あればいい

僕はよく、「セミナー」や「ビジネス交流会」に参加します。「完璧コピペできるようなノウハウ」を学ぶためですが、もうひとつ目的があります。

それは、「太い人脈」をつくるため、です。

僕がはじめてビジネス交流会に行ったとき、「ひとりでも多くの人と知り合いにならなくちゃ」と焦ってしまい、とにかく名刺を配りまくってしまったんです。持っていた名刺はすべて使い果たし、50人以上と名刺交換をしたと思います。

ところが……、「成果はゼロ」でした。**セミナーを終え、僕に連絡をくれた方は「ひ**

■名刺交換は、「ひとり」としかしない

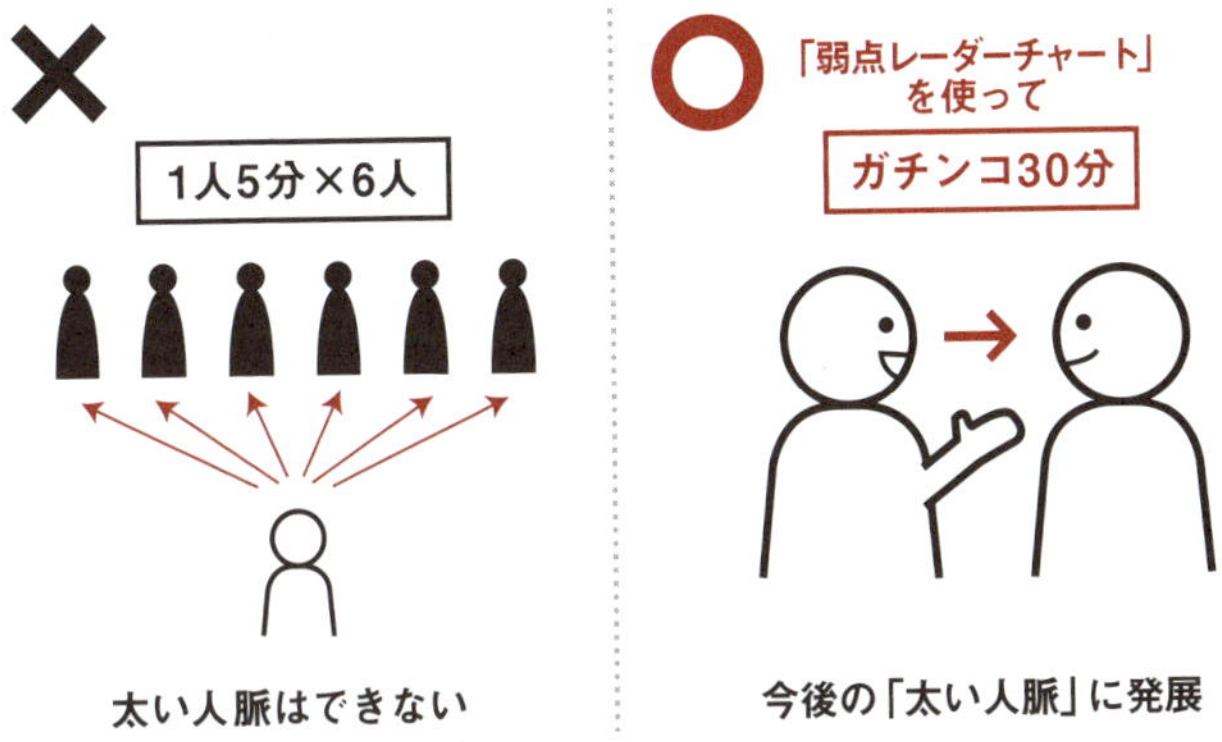
×
1人5分×6人
太い人脈はできない
○
「弱点レーダーチャート」を使って
ガチンコ30分
今後の「太い人脈」に発展

とりもいなかった」んです。

この経験から、「やたら大勢に名刺を配るだけでは、人脈はつくれない」ことがわかった僕は、新しくルールを決めました。それは、どんなルールか。

「100人のセミナーでも50人のセミナーでも10人のセミナーでも、名刺は1枚しか交換しない」というルールです。

そして、そのひとりに向けて「弱点レーダーチャート」を当て、「困っていること」や「してほしいと思っていること」の手助けをする。

「そもそも論」で考えたら、セミナーや交流会に参加する目的は、「深〜い人脈づくりをすること」であって、「名刺をたくさん配ること」ではありません。

だとすれば、**「挨拶もままならない状態で、次から次へと名刺を配るより、ひとりに集中して会話をするほうが正しい」こと**がわかります。

経験値が少ないうちは「となりに座った人」と、太い人脈づくりをする

では、たった「1枚の名刺」をだれと交換すればいいのか。

セミナーであれば、「講師」という手も考えられますが、僕は、よっぽどのことがないかぎり、講師と名刺交換をすることはありません。

なぜなら、講師はたくさんの人と名刺交換をするので、名刺を渡せたとして、「僕の印象」が残りにくいからです。もちろん、セミナーの講師を独り占めにはできませんから、「弱点レーダーチャート」を使う時間もありません。

そこで、経験の少なかったころの僕は、「となりに座った人」にフォーカスするようにしていました。

その人がどんな人かわかりませんが、運を天にまかせて（笑）、その人と話すことだけに集中したのです。実際「となりに座った人」と名刺交換をするだけで、さまざまな業界の成功者と深いつながりができました。

もちろん、**経験値が上がってきて「一流探知機」を使いこなせるようになると、「この人は、成功しているかどうか」が、なんとなく判別できるようになります。**

そうやって、経験値が上がってきたら、できるだけ「一流の人」と、たった1枚の名刺交換をして、「じっくりと会話する時間」を大切にするのがベストです。

名刺は手裏剣のように配らない。「名刺は1枚」で勝負！　これを意識してください。

バカ15法則

法則❾

「見た目のハッタリ」は、やがて本物の力に変わっていく

僕は、以前から「ファッション」にかなり気を使っていましたが、「バカでも年収1000万円メソッド」を使うようになってからは、「戦略的」に「見た目」にかなり力を入れています。今日も「フルオーダーのパンツ」を10本注文したところです（笑）。

「成功したければ、まるで成功したかのように振る舞いなさい」

年収が400万円に満たなかったとき、この言葉を知りました。初期投資はある程度かかるけれど、「フリ」をするだけなら、僕にもできる。**「ハッタリ」をかますだけなら、おバカでもできる。**そこでまず、身なりを整えようと考えました。

芸人の世界でも「高い家賃のマンションに引っ越すと、そのあとで人気が急上昇する」

■「戦略的」に見た目に気を配る

相手に「違和感」を
与えておく
あの奇抜な服装の人は何者？
なにか気になるな…

といわれているそうですが、このジンクスも「まるで売れたように振る舞え」ということでしょう。

自分でいうのもなんですが、僕のファッションは「激しく奇抜」です(笑)。水色のジャケットとか、ゴールドのパンツとか、普通の人があまり選ばないカラーやデザインを好んで着用しています。

なぜなら、**自慢するものがないおバカな僕は、第一印象で、相手に「違和感」を与えたいから。**

「水色のジャケットにゴールドのパンツのあの男は、だれだ？」と注目されたら、大成功です！人は、「違和感」を解決したくなるじゃないですか。そうすると、「すごい服装ですね！」と、向こうから僕に話しかけてくれるんですね。セミナー会場やビジネス交流会では、そんな奇抜な服装をした人は、まず、いないので、めちゃくちゃ効果があるのです。

「どうせあいつは見た目だけ…」といわれても、最初はいいじゃないですか。おバカが地味な格好をしていたら……、おバカに見た目のハッタリすらなかったら…、**僕らはなんの印象も残せない人間になってしまいます。**だったら見た目だけでもいいから、とりあえず「印象に残せるもの」を持っておく。内面は、それから鍛えていけばいい。


僕の経験上、見た目を変えれば「見た目にふさわしい行動」をとるようになります。

「こいつは見た目だけのバカだ」と見捨てられないように、あるいは、「こいつは見た目だけじゃなかった。仕事もできた」と褒めてもらえるように、実績を上げるために自分から努力するように変わるんですね。やがて「本当の力」が身につくわけです。

「見た目が変わる」と「自分の意識も変わり」、そして「他者評価」も変わってくる

ガンダム好きのバカリーマンＥクン（25歳）に、フェラガモの真っ白なサイフをプレゼントしたことがあります（６万円くらい）。すると彼は「いま使っているカバンに白いサイフを入れたら、サイフが汚れてしまう」といって、カバンを買い直しました。今度は、「このカバンを持ったときに恥ずかしくないように」とジャケットを新調し、やがて、パンツもネクタイも新しくなりました。すると他者評価が変わったんです！

昨年の誕生日に、「ガンダムのプラモデル」をプレゼントされていたＥクンは、翌年、同じ友人から「ブランド物のネクタイとカフス」をもらいました。**「Ｅクンには、ガンダムより、ネクタイとカフスがふさわしい！」という他者評価に変わった**んですね。

さらに、クライアントからも「若いのにしっかりしていますね」と褒められるようになり、Ｅクン自身も「もっとしっかりしよう」と思うようになったといいます。見かけを変えたことは、こんなにも、内面を変えるきっかけになるのです。

バカ
15法則

法則⑩

「テレビを捨てる」と、1年が13カ月に増える！

僕の家に、テレビはありません。捨ててしまいました。テレビを見るのは実家に帰ったときぐらい。なので、「月に1回見るか見ないか」ぐらいです。

この話を地元の友だちにすると、みんな驚きます。でも、僕のまわりにいる「年収1000万円プレーヤー」にすると、さほど驚かれません。**年収1000万円以上稼ぐ人のなかには、「テレビを持っていない人、もしくは見ていない人」が多いからです。**

どうして僕がテレビを捨ててしまったのか？　それは、僕自身がかなりのテレビっ子なので、テレビがあると見てしまって、「時間を無駄にしてしまう」からです。

たとえば、毎日「2時間」テレビを見たとします。すると、2時間×365日＝

■テレビを捨てると1年が13カ月になる!?

730時間。730時間÷24時間＝約30日。なんと、1年のうち、「まるまる1カ月間もテレビを見ている」ことになるんです！

「忙しい」とか「時間がない」と言い訳する前に、テレビを捨ててみる。そうすれば、「1カ月分の時間」がつくれます。1年が13カ月に増えちゃうわけですね！

そしてこの「1カ月分の時間」を「自分の成長」のために使うようにする。本を読んだり、勉強会に参加したり、「仲良くなりたい人」と会食したり、「バカ6大奥義」を使ったり……。

エリートたちがあぐらをかいている間に、自分を磨く。そうすれば、**「たとえバカリーマンでも、**

「テレビを捨てるだけで、エリートに勝つことができる」んですね。

テレビは、目的を持って見る。ダラダラ見るなら消しましょう！

もちろん、テレビから得られる情報もありますから、「テレビはすべて害だ！」と決めつけているわけではありません。

ただしテレビは、つけているだけでも、さまざまな情報が垂れ流しになるので、「つけっぱなし」にはしないほうがいい。

テレビから情報を得たいなら、「人気タレントに共通する要素はなんだろう？」とか、「最近、アニメーションを使ったＣＭが多くなったのはどうしてだろう？」など、「目的を持って、考えながら見る習慣」をつけたほうがいい。

「そもそも論」で「この番組を見る理由」を考えてみて、もしも明確な目的が見つから

ないとしたら、その番組は「見なくても困らない番組」ですので、どうぞ消してください。「坂本龍馬について知りたいけれど、本を読むより映像で見たほうが理解しやすい」というのであれば、どうぞ見てください。僕もそうしています。

僕はほとんどテレビを見ませんが、だからといって「困ったこと」も「情報に乗り遅れたこと」もありません。

それどころか、実家に帰って久しぶりにテレビをつけたほうが、「情報の変化に気がつきやすい」とさえ感じます。

普段、テレビの情報を垂れ流しにしていないからこそ、「このタレントは見たことない」とか、「この手のCMが増えている！」といった気づきが得やすいのです。

「テレビのリモコン」は自分が握っていると思いきや、**気づかぬうちに、テレビに「自分のリモコン」を握られていませんか？** ダラダラ、テレビを見続けてしまうようであれば、潔くテレビは捨ててしまいましょう！

バカ
15法則

法則⑪

「穴場グルメ」になると、「一流」が集まってくる！

僕は、名古屋にいるころから、「食べることが大好き！」でした。ラジオ局のプロデューサーに「一流の人はグルメが多い」、「グルメになると、いい人脈ができる」という話を教えてもらうと、安くて、おいしい「穴場のお店」を探しまくりました。

錦《にしき》（名古屋の繁華街）にある「オーナーがテレビでも紹介されたカレーうどんのお店」と、「水餃子がおいしいお蕎麦屋さん」はとくに僕のお気に入りで、この2軒だけを使って、たくさんの一流の人たちと仲良くなることができました。

「テレビで紹介された、バカうまのカレーうどんを食べてみたいと思いませんか！」

■一流の人にも喜ばれる「穴場のお店」の条件

その1	高級店でないほうが望ましい
その2	予算は、ひとり「5000円」以内 ※高くても1万円
その3	ギャップのあるお店 （店は古いけど、おいしい、など）
その4	1、2軒知っているだけでも十分

「お蕎麦屋さんなのに、水餃子が劇的にうまい店を知っていますよ！」

と声をかければ、たいがい「そこに、連れてってよ」と頼まれます。

「穴場のお店」を知っていると、それだけで「自分よりも実績を上げている人」や「仕事をいただきたい会社の社長」を誘い出す口実ができるんです（「そこに、連れてってよ」といわれたら「超速行動」で、すぐにその場でスケジュールを決めるのがコツ）。

しかも、おいしいお店に行くと「ネガティブな話」になりません。

おいしいものを食べているとき（食べ終わった

とき）は、楽しい気分、嬉しい気分になるので、相手も前向きになりやすいのだと思います。だから、チャンスをつかみやすい。

「フランス政府」は、海外から来賓《らいひん》・要人《ようじん》を招くときに、「食事」と「場所」に配慮するといいます。交渉を円滑に、ポジティブに進めるためです。ということは…、「僕のメソッドはフランス政府にも認められている」ということになりますね（笑）。

5000円〜1万円以内で、「ギャップ」のある穴場を見つける

連れていくお店は、高級である必要はありません。というよりむしろ、高級でないほうが好ましい。

「すごく値段が高くて、おいしい」のは当り前。ですので、予算はひとり5000円前後がよくて、高くても1万円以内のお店を選んでいます（前述したカレーうどんは、ひとり650円、お蕎麦屋さんはひとり3000円程度）。

また、「見た目は古びているけど、劇的においしい」とか、「蕎麦屋だけど、水餃子が

うまい」、とか、「五つ星ホテルだと3万円はする料理が、5000円以内で食べれる」といった「ギャップ」があると、「穴場感」が出て、相手も満足してくれます。

「穴場のお店（安いのに激ウマ）」に連れていくと、他者評価が上がります。

「伊藤クンは、本物を見極める目を持っているようだ」、「伊藤クンは、まわりの意見に惑わされない人のようだ」という嬉しい評価をいただいたこともありました。

お店は、たくさん知っている必要はありません。本当に、だれを連れていっても喜んでもらえるお店は数少ないので、「2〜3軒」知っているだけでも十分です。

ちなみに「週に10回は会食している僕」でさえ、本当の本当にだれを連れていっても喜んでもらえるお店は「6〜7軒程度」です。それで十分、ローテーション可能です。

もし、自分でそういったお店を見つけられなければ、自分のまわりにいる「グルメっぽそうな人」に、**「ひとり予算5000円〜1万円で、あなたがいちばんおいしいと思うお店を教えてください」って聞いてしまえば、必ず教えてくれますよ！**

バカ
15法則

法則⑫

力で劣るなら、「自分の得意場所」に連れ出してしまえ!

「穴場のお店」のなかに「顔が利くお店」をつくっておくと、いろいろと便利です。「顔が利くお店がない」というときは、次の方法をためしてみてください。すぐに「顔が利く」ようになります。

【1】お店に行ったら、店長さん(またはポジションが上の人)を見つける
【2】オーダーを頼むときやお会計のときは、必ずその人物に声をかける
【3】お会計のとき、「来週また来ます」といって、「その場」で予約を入れる
(その場で予約を入れる人はほとんどいないので、店長の印象に残る)
【4】2回目も、同じ人物に集中的に声をかける

■相手のオフィスには行かない

相手のオフィス
ぞろ ぞろ ぞろ
どうも こんにちはー
予想外の人が いっぱい出て きたぞ…
どう考えても 不利な状況
自分がよく行く ホテルのラウンジ
トイレは どっちだ？
つきあたりを 右ですよ
自分が有利になる場所に 相手を迎える

【5】帰り際に「来週（あるいは再来週）も来ます」といって「その場」で予約する
【6】3回目も、同じ人物に集中的に声をかける

「1カ月に3回」通い、すべて同じ人に接客をしてもらえば、それだけで「スーパー常連」になれます。一度、常連になり顔を覚えてもらえれば、それからしばらく通わなくても、スーパー常連効果は持続するので大丈夫です。そうやって「スーパー常連店」をつくります。

金額の高い商談のときは、「ホテルのラウンジ」を利用する

「自分よりも実績がある人」と仲良くなりたいと

きは、「穴場感」のある手頃なお店に連れていきますが、一方で、きっちりと商談をしたいとき、しかも、金額の高い商談を行なうときは、戦略的に「ホテルのラウンジ」を利用することがあります。

「ホテルのラウンジ」を利用するのは、「クラス感（ワンランク上感）」があるから。

喫茶店や居酒屋では話しにくいことでも、クラス感の高いホテルであれば、失礼にはなりません。カウンター席でうどんをすすりながら「3000万円の商談」をするわけにはいきませんから（笑）。

ある会社の役員と、「ストリングスホテル東京インターコンチネンタル」のラウンジでお会いしたところ「いい雰囲気だね」といってくださったので、次回は「渋谷のセルリアンタワー東急ホテル」に、三度目は「パークハイアット東京」にお連れしました。すると、「いいお店をたくさん紹介してくれてありがとう！」といって、仕事の話はたいしてしていないのに、「契約」をいただけたことがあります。

本来であれば、「クライアントの会社に出向いていく」のが普通かもしれません。

けれど僕は、基本的には相手を「中立の場所（ホテル）」に呼び出しています。

なぜなら、**「アウェー（相手の本拠地）」では、自分の力を発揮しにくいから。**

「クライアントのオフィス」で商談すると、相手のオフィスが大きいほど、気持ちに余裕が持てなくなります。また相手側の担当者が3人も4人も出てくると、数的不利を強いられてしまいます。だって、「アライブ（株）」の東京オフィスには僕ひとり。数ではとても戦えません（笑）。

ただでさえ僕のスキルには、まだ甘さがあるのに、そのうえ緊張してしまったら、パワーダウンは避けられません。おバカな僕のいまの力量では、1対4をハネ返す力はありませんから、相手に有利（自分に不利）な展開になってしまうことは、避けなければなりません。

したがって、僕のようなバカリーマンの場合は**「行き慣れたホテルのラウンジに相手を呼ぶ」のが正しい戦術**なのです。

バカ
15法則

法則⑬

指示を無視してでも、「自分の得意」にこだわったほうがいい！

ある運輸会社から打診されて「壁画のコンペ」に参加したことがあります。「オフィスを新しくするので、10メートルの壁画のデザインを考えてほしい」というのです。コンペには5社参加していて、各社とも「1週間後に企画書をメールで送ってほしい」と指示を受けていました。

さて、困りました。なぜなら、おバカな僕は、パワーポイントも、エクセルも、ワードも満足に使えないからです（笑）。なので、企画書がうまくつくれない……。

一瞬「やばいな…」と思いましたが、**「プチ幽体離脱」をして「そもそも論」で考えてみると、「先方が求めているのは『よい壁画のデザイン』であって、『よい企画書』を**

■ 必ずしも、指示に従う必要はない

×
看板制作の
企画書を
お願いします
よし、それなら…
ロジカル
シンキングを
駆使!!
パワー
ポイントで
丁寧なまとめ
○
看板制作の
企画書を
お願いします
看板なら
企画書より
現物をつくっちゃえ

求めているわけではない」ことがわかりました。
だとすれば、「A4サイズの企画書」を提出したところで、「壁画の仕上がり」をイメージしにくいのではないかと考えたのです。

そう思った僕は、企画書のかわりに「2メートル50センチほどの大きな用紙」にデザインを描いて壁紙をつくり、直接お届けすることにしました。**「無理して苦手な企画書を書くより、大きな絵をつくるほうが、僕も楽しいし、パワーを発揮できるし、なにより「クライアントに喜ばれる」と判断した**のです。

期限の前日に「A4サイズではわかりにくいと

思うので、壁紙にしてお持ちします」とアポを入れたら、「ぜひ」とのお返事。さっそくお届けにうかがったところ、社員さんが集まってきて、「でかいな～」、「いいじゃん」、「すげぇ～」と感嘆の声が上がりました。反応は上々。そして壁紙を届けた翌日には、「御社にお願いします！」というお返事をいただきました。

僕がコンペで勝てたのは、指示に従うこと（A4サイズの企画書をメールで送ること）よりも、「僕の得意な方法」を使って、自発的なプレゼンをしたからです。

クライアントの指示にこだわり、苦手なワードやパワーポイントを使っていたら、おそらく落とされていたでしょう。

「自分の得意技」を使ったほうが、お互いにいい結果が出る

僕たちバカリーマンは、上司やクライアントから「これを、こうして、こうやって」と指示を受けることがあります。そんなとき、「指示どおりにやらないと怒られる…」

と思いがちですよね。でも、必ずしもそうだとはかぎりません。
「上司やクライアントの指示を無視していい」といっているわけではありませんが、いちばんの目的は、「相手が本当に求めているものを、返してあげること」であり、「指示を守ること」ではないはずです。

「いやだけど、苦手だけど、指示どおりにやる」のは、楽しくありませんよね？　指示を守るためだけに嫌々やっていたら、お客様を喜ばせる仕事はできないと思います。
だとしたら、**与えられた範囲内で、自分が最も得意な方法、最もパワーが出せる方法で、「相手が求めているものを、返してあげる」ほうが断然いい！**

そのほうが楽しいし、そのほうが、お互いに良い結果が出ると思います。たとえ結果が得られなくても、自発的に取り組んでいれば、「やらされる」よりも悔いは残りませんよね。

法則⑭

「2-2-2フォーメーション」で信頼関係を築け！

本書では、「おバカな僕たちがどうやって人脈をつくったりすればいいのか」や、「自分より実績が上の人と仲良くなるためのテクニック」をいろいろと紹介していますが、僕が考えた「2-2-2フォーメーション」も、そのうちのひとつです。

「2-2-2」は、「2時間-2時間-2時間」の意味。ようするに、**仕事を受けるときは、お客様と「2時間×3回」会うというルール**です。

仕事をお引き受けするときは、「相手が求めているものはなんなのか？」を的確に把握する必要があります。相手のニーズを理解しないまま企画を立てても、中途半端な提案になってしまい、逆効果。信頼を損ねてしまうかもしれません。

■「2時間×3回」会って、相手のニーズをキャッチ！

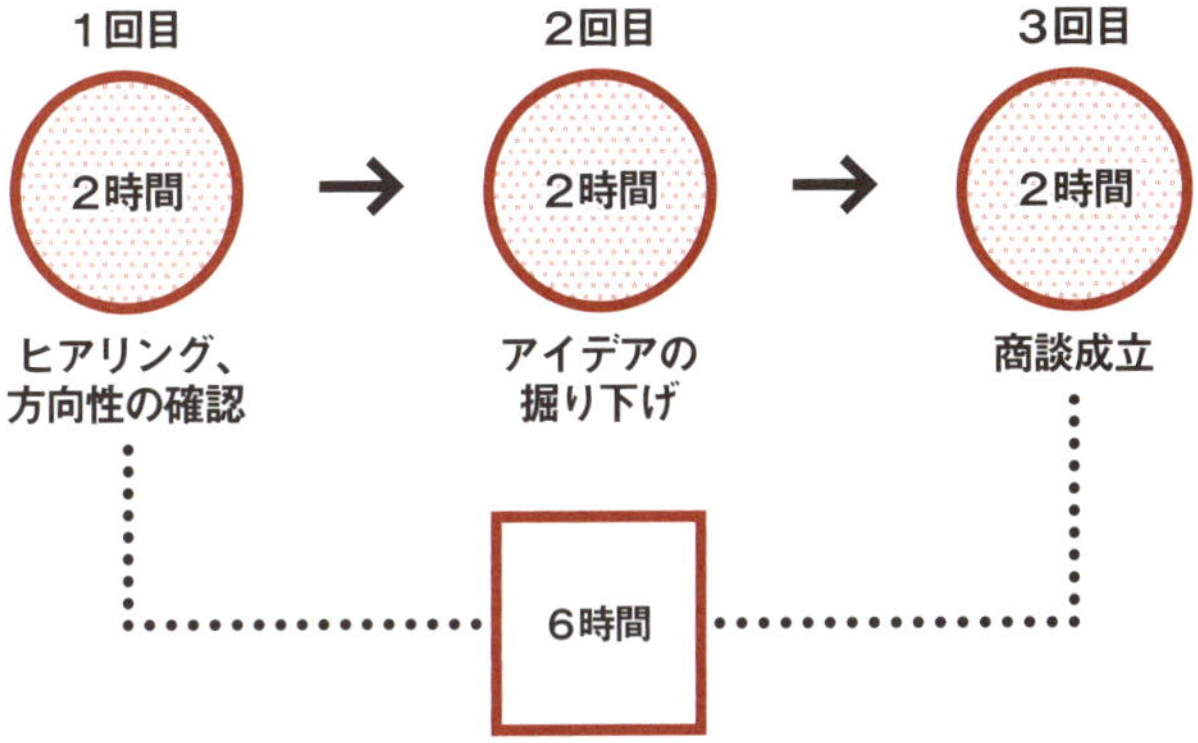
1回目
2時間
ヒアリング、方向性の確認
2回目
2時間
アイデアの掘り下げ
3回目
2時間
商談成立
6時間

まず、「お客様がどういうことを実現したいと思っているのか」、「どういう問題を解決したいと思っているのか」を「すべて聞きとる」ことが大切であり、そのためには、僕の経験上、最低でも「2時間×3回」（計6時間）のミーティングが必要です。

相手が「2時間×3回」会ってくれれば信用GET

僕は「広告戦略仕掛け人」を自認していて、企業の広告戦略のコンサルティングをしています。お客様の売上を上げるため、戦略や企画を提案し、実行する仕事をしています。なのに僕は、数字苦手、パソコンも苦手、ワードもエクセルも使えない（笑）。

ですから、「毎月50万円の顧問契約」を結ぶときでさえ、企画書を用意しません。6時間かけて形式的な紙資料（＝企画書）をつくるくらいなら、6時間（2時間×3回）かけてお客様とみっちり話をして、その場で提案をしたほうがいいからです。

■【1回目】細かくヒアリングをしながら、その場で方向性を決める

お客様の目的（なにを、どうしたいのか）を聞くと同時に、その場で「では、こういう案はどうか」、「こういうこともできそうですね」、「こんなのはどうですか？」と、「ざっくりとしたアイデア」を投げかけてみます。

反応を見て、「これは、いけそう」というアイデアにあたりをつけたら、「次回は、この方向でもう少し検討してみませんか？」と切り出し、次回のアポをとりつけます。

■【2回目】1回目であたりをつけたアイデアについて掘り下げる

1回目のミーティングで「感触の良かったアイデア」について、さらに深く掘り下げていきます。具体的な資料などを用意するのは、2回目からでかまいません。

■【3回目】具体的なアイデア（契約）が決まる

もし、お客様が「こちらの提案に興味がない」、「こちらを信用していない」としたら、6時間も会ってはくれません。「2時間×3回会ってくれた」ということは「信用されている」ということです。「女性とのデート」と同じですね（笑）。

この段階までできて、商談が「白紙」になったことは、いままで一度もありません。

また、「2-2-2フォーメーション（「2時間×3回」計6時間のミーティング）」が機能して、しっかりと相手のニーズをキャッチできていれば、先に、提案書や企画書を求められることもありません。

そして、企画書や提案書は、「なにか書面でもらえるかな？」といわれたときだけ、形式的につくればいいのです。

バカ15法則

法則⑮

嫌われたらコレ。「カウンター・ダイナマイト・アタック！」

みなさんは、「理由はよくわからないけど、あの人からなぜか嫌われているようだ？」と感じた経験はありませんか？

「なんで、なんにもしていないのに、あの人、私のこと嫌っているんだろう？」と不思議に思った経験はありませんか？　僕は、あります。

それは、「アライブ（株）」入社前、「ＤＪイベント」のビジネスモデル化に力を入れていたときのことです。

タワーレコードやＺＩＰ-ＦＭ（名古屋のラジオ局）から重宝がられるようになり、「音楽業界から捨てられない存在になれた」と思っていたのですが、あるレコード会社の担

■ 誠意を見せれば、やがて相手にも通じる

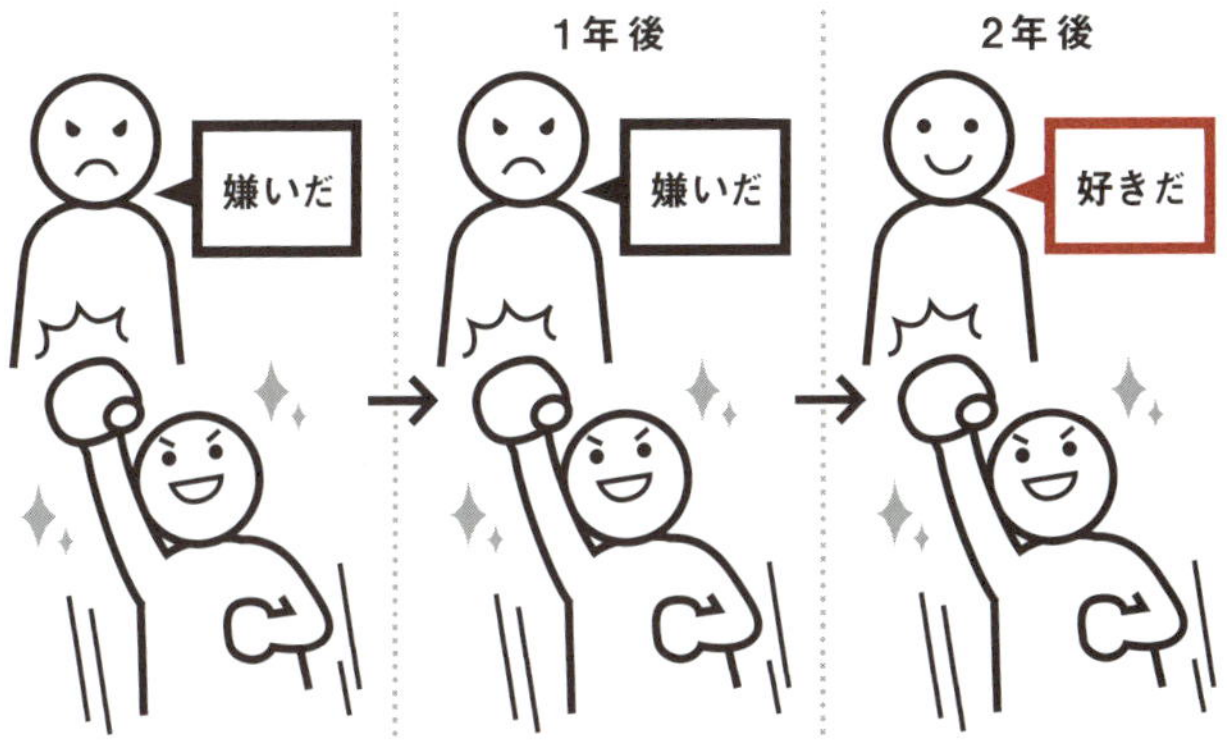

当者にかぎっては、そうではなかった。彼は、僕のことを「異常に嫌っていた」ようなんです。

ところが、なぜ嫌われているのか、その理由が僕にはわかりませんでした。

不義理をはたらいた覚えもないし、ミスをしたわけでもない。なのに彼は、僕にだけ、いつも「ツンケン」していたんですね。

その人とのつきあいをやめることもできたのですが、僕はそうしなかった。嫌われていることを承知で、それからも一方的に話かけていきました。

僕は、「誠心誠意ぶつかっていったら、最終的には、なんとかなる!」と信じていたし、**自分の**

やるべきことをひたむきにやり続けていれば、「いつかは心を開いてくれる」と思っていたんです。

ひたむきに取り組めば、相手の評価が変わる

僕は、イベントを開催するたび、「いつもお世話になっています。今度は、こういうイベントを開催します。ご報告までにご連絡差し上げました」と、その人に逐一報告を続けました。虫ケラを見るような目をされても、「僕は、まっすぐにやっていますよ」という思いを伝え続けました。

「年長者は、年下から誠心誠意ぶつかってこられると、やがて受け入れるしかなくなる」と思うのです。嫌ったり、とげとげしい態度をとっていることに、どこか後ろめたさがあるのかもしれません。

僕は、ひたむきに、一生懸命に、嘘をつかずにイベントに取り組み続けました。する

とその担当者も、やがて僕のことを認めてくれるようになったんです。

いまでは「よう、よっち！」と声をかけてくれます。ちなみに、どうして僕のことを嫌っていたのか、その理由はいまだに聞いていません。だって、気まずいじゃないですか（笑）。

「よう、よっち！」と声をかけてくれるまでに、「2年間」かかりました。人間関係を修復するには長い時間が必要で、自分のことを嫌っている人と仲良くなるには、「1〜2年」くらいかかるのも、しかたありません。

けれど、**あきらめずに真正面からぶつかっていけば、必ず評価は変わる**と思います。

そして評価が変わったとき、その相手は、「かけがえのない人脈」に変わるのです。

「バカ16スキル」で超速成功

The Secrets:
Even an Idiot Can Earn
¥10,000,000 Per Year!

バカ16スキル

スキル❶

「根拠のない不安」を捨て、「根拠のない自信」を持て！

「バカ16スキル」は、「バカ6大奥義」をさらに効果的に使うための「具体的なスキル集」になります。では、さっそく、見ていきましょう。

高校時代、僕はソフトテニス部の2軍選手。もちろん、レギュラーになりたいと思っていましたが、一方で「まぁ、自分の実力的には、こんなものかな」とあきらめ、2軍生活に甘んじていたんです。ところが、3年生の夏に「秋の国体の予選会」があって、調子が良かった僕は4位入賞。運良く「秋の国体」に出場できる権利を得ました。

でも僕は、結果的に「秋の国体」には出場しませんでした。なぜなら、**僕が「行かせ**

■「根拠のない自信」を持ってチャレンジする！

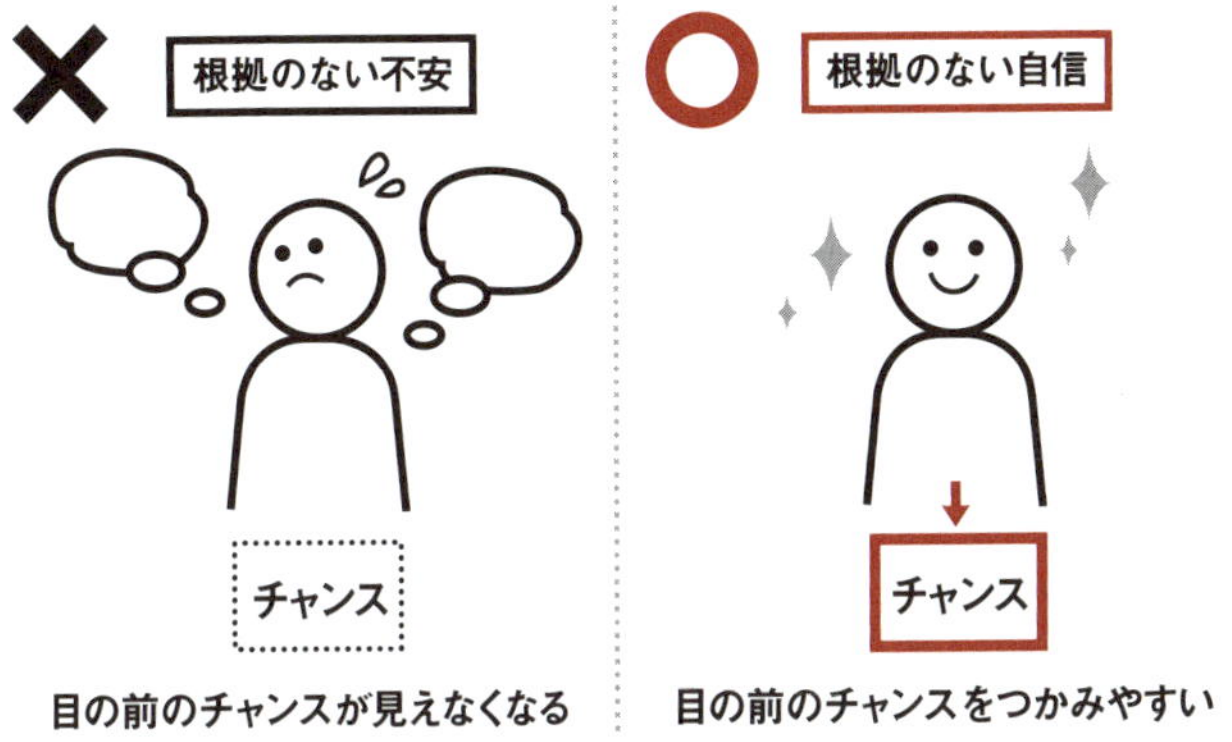
根拠のない不安
チャンス
目の前のチャンスが見えなくなる
根拠のない自信
チャンス
目の前のチャンスをつかみやすい

てください、出させてください！」と監督に主張しなかったからです。「出場できる資格はあった」にもかかわらず、僕は「出場しなかった」んです。

僕の高校は強豪校だったので、僕以外にも、「秋の国体」の出場資格を持った選手が数名いました。監督は、候補選手のなかからメンバーを選出するわけですが、もしも僕が「監督、調子が良いので、僕を連れていってください!!」と願い出ていたら、おそらくメンバーに入《はい》れたと思います。

けれど僕はそうしなかった。2軍に落ちてダメダメなマインドだった僕は、「試合に出ないのが当り前」だと思い込んでいたので、「試合に出たいという意欲」が薄れかけていたのだと思います。

あのとき、僕が「出してほしい」と主張していたら、国体で活躍して、「いまとは違う人生」を歩んでいたかもしれません（笑）。

「根拠のない自信」を持つだけで、目の前のチャンスが手に入る

僕は、「1億枚以上」のセールスを記録している「世界的トップスター」のプロモーションに関わったことがあります。レコード会社の担当者から「伊藤クン、やる？」と聞かれたとき、僕は「やります!!」と即決&即答しました。

世界的トップスターを扱った経験はなかったし、僕には力が足りないかもしれない。それでも引き受けたのは、「手を伸ばせば届くチャンスを手放したくない」からです。

国体に出場するチャンスを取りこぼした経験から、僕は、「根拠のない自信」を持つことの大切さを学びました。

「できるか、できないか」はわからなくても、とりあえず「根拠のない自信」を持つ。

そうすると「セルフイメージ」が上がってきて、「このチャンスをものにできるのは、自分しかない」という高揚感がこみ上げてきます。

反対に、「根拠のない不安」を持っていると、セルフイメージが低くなって、「自分にはできない」と尻込みしたり、「こんなチャンスは僕にはもったいない」と恐縮してしまう。本当はできるはずなのに、自分の可能性を低く見積もってしまうわけです。

■「根拠のない自信」を持っているだけで、目の前のチャンスが手に入る

■「根拠のない不安」を持っているだけで、目の前のチャンスを逃す

「世界的トップスター」に関わる仕事は、たしかにむずかしい案件でした。途中であえいだり、苦しんだり、カッコ悪い姿を見せることもありました。

それでも、「根拠のない自信」を持ち、全力で取り組む僕の姿勢が評価されて、それ以降も、さまざまなトップスターのプロモーションに呼ばれるようになったのです。

バカ16スキル

スキル❷

「スポットライトの当て方」を変えれば、失敗は成功の糧になる

ビジネスセミナーに行ったり、本を読んだりすると「今日からあなたのスタートです」とか「昨日までの自分をリセットしましょう」と教えられることがあります。

でもそれって、「いままでの自分をすべて否定すること」になりませんか？

僕はずっとおバカでしたが（笑）、だからといって「これまで歩んできた道が間違っていた」とは思っていません。

たしかに、うまくいかなかったことも、失敗したこともたくさんありました。

けれど、**失敗のなかから「大きな学び」を得ることができれば、その経験は、「自分にとっての宝物」に変わります。**

■スポットライトの当て方が変わると、見える部分も変わる

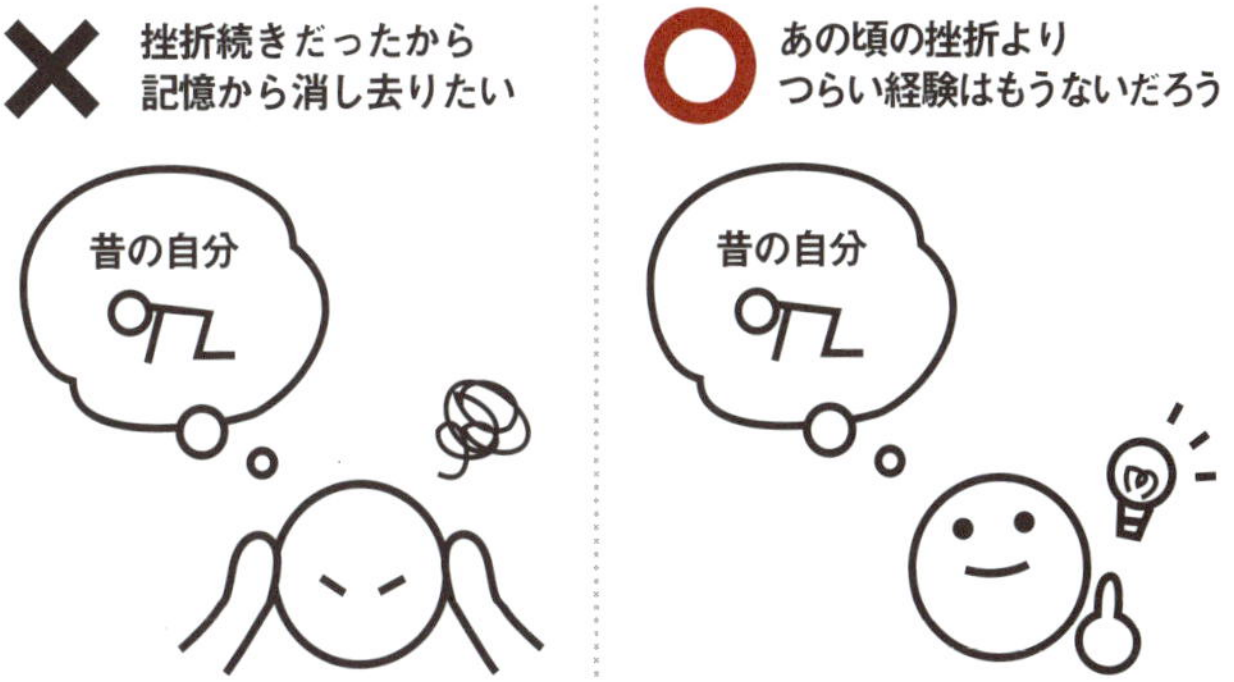
×
挫折続きだったから
記憶から消し去りたい
昔の自分
○
あの頃の挫折より
つらい経験はもうないだろう
昔の自分

高校3年生の6月に「インターハイ予選」がありました。2軍生活にも慣れきっていましたが、「さすがにこのままだと、挫折したままで終わってしまう」ことに危機感を覚えて、おくればせながら、本腰を入れはじめました。

じゃあ、どうすれば、強くなれるのか。どうすれば、レギュラーに勝てるのか。

僕らは合宿所生活をしていたので、すべての選手が同じ食事をして、同じ時間に就寝して、同じ時間に起床して、同じ時間だけ勉強をして、同じように練習をしている。

それなのにテニスの技術に差がつくのは、「やっぱり才能が違うから」と思っていました。

じゃぁ、僕より才能のある選手に、どうやったら勝てるのか……。

いろいろ考えてみたものの、良いアイデアは浮かんできません。そこでとりあえず、**「他の3年生がやらないことをやってみよう」**と決めたのです。

「ネガティブ視点」→「ポジティブ視点」になるように、「スポットライトの当て方」を変える

朝は、だれよりも早くコートに立ち、夜は、だれよりも遅くまでコートに残る。掃除・洗濯は自分でやる。ようするに、「1年生がやるべき雑用」なども含め、それを3年生の僕がクソまじめにやることにしました。


インターハイ予選までの2カ月間、「1年生がやるべきこと」を続けていたら、どうなったか。技術うんぬんよりも、気持ち的に「怖いもの」がなくなってきたんです！

「自分にできる行動は、すべてやるだけやったし、べつに、負けてもいいや」と勝敗にこだわらない状態になりました。相手にリードを許しても「まぁ、とりあえずフルマッ

クスでやってみっか」と開き直ることができたのです。
その結果、僕は強敵を撃破。インターハイ決定戦では、同じ高校の1軍ペアと、対決するも見事に勝利！　その勢いでなんと「3位入賞」！

いま僕が、「天才やエリートたちがやらない方法」に注力しているのは、高校時代の「失敗から学んだ経験」があったからです。3年生の僕が、「他の3年生がやらないこと（＝1年生がやること）」をやって、結果を出せたからです。

自分の人生を振り返ってみて、「どうしてうまくいったのか」、「どうして失敗したのか」、**「ネガティブな視点からポジティブな視点になるように、スポットライトの当て方を変えながら、その原因を考えてみる」**。そして、その「失敗↓成功」をビジネスに応用できれば、いままでの「人生の失敗」はプラスに転じます。
スポットライトの当て方を変えるだけで、「昨日までのダメダメな自分」だって、「年収1000万円」の糧となりうるのです。

バカ
16スキル

スキル❸

「幼いころの勝ちパターン」をビジネスに応用しろ!

先日、後輩のTクンから、「仕事で迷っている」と相談を受けました。「いまいち成果が上げられない」というのです。

そこで僕は、「Tクンがこれまでどういう人生を過ごしてきたのか」、振り返ってもらうことにしました。

「中学校は、どこに行ったの?」

「私立の、○○中学です」

「○○中学! すごいね。どうやって勉強したの?」

「家庭教師の先生のおかげです。とてもわかりやすく指導してくれたので」

■ 自分の経験を振り返り、成功パターンを見出す

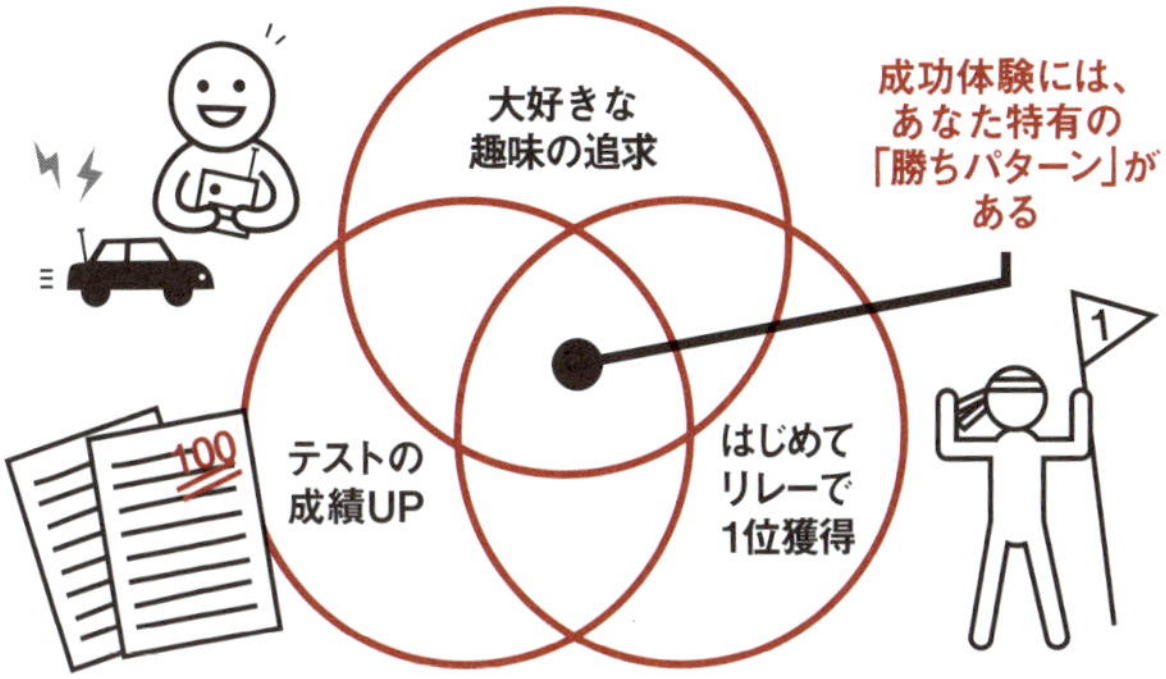
大好きな趣味の追求
テストの成績UP
はじめてリレーで1位獲得
成功体験には、あなた特有の「勝ちパターン」がある
100
1

「ダンスもやっていたよね。それなりに有名なチームだったって聞いているけど」

「チームのメンバー構成が良かったんです。すごくうまいヤツがいて、僕は彼を引き立てようと思っていたんです」

僕は、彼との会話のなかから「受験にしても、ダンスにしても、パートナーに恵まれていたときに結果を出している」という**「Tクン特有の勝ちパターン」がある**ことがわかりました。

「Tクンさ、ひとりでがんばろうとしているから結果が出ないのかもしれないよ。会社のなかでパートナーやスペシャリストを見つけて、その人とタッグを組んで仕事をしてみたら？」

Tクンはさっそくパートナーを探し、数カ月後には「チーム力」で大きな契約を勝ち取ることができたそうです。

成功体験には、「あなた特有の勝ちパターン」がある

僕が、「インターハイ予選3位入賞」の経験から、「他の人がやらないことをやるという法則」を見出したように、あなたの過去の人生をひもといていくと、「あなたが小さな成功を収めた勝ちパターン」が見えてくることがあります。

気づかずにやっていることでも、よくよく突き詰めてみると、**「自分はこういうプロセスをたどると、こういう結果が出る」という、「その人特有の規則性や一貫性が、だれにでもある」**んですね。

実は、僕には、「みずから下積みをはじめると、オファーが舞い込んでくる」という傾向があります。だから、「本を出版したい」と思ったときも、はじめに「書く習慣」

を身につけようと、下積みのつもりで「ブログ」をはじめました。

そして、「書く習慣」が身についてきたら、今度は「ニュースレター」を発行して、「自分の文章」を積極的に人目にさらすようにしました。これも下積みの一環です。

すると、出版社の編集者の目にとまるようになり、「おもしろい内容ですね」と声をかけていただけるようになりました。

もし僕が、「地道な下積みという、自分特有の成功パターン」に従わず、通例にしたがって「企画書を出版社に送る」という方法をとっていたら、おそらくうまくはいかなかったでしょう。

はじめて彼女をつくったあの告白も、そう。はじめてのリレーで一番をとったあの感覚も、そう。テスト勉強をして成績を上げたあの経験も、そう。

あなたの人生を振り返ってみると「あなた特有の勝ちパターン」が必ずあるのだから、それを仕事に取り入れてみる。それだけで目的達成率はグ～ンと上がるでしょう。

バカ16スキル

スキル④

「ボーダレスモード」で、2倍すごい自分になる

商社時代、出荷作業ばかりやらされているうちに、僕は早々に仕事への意欲を失ってしまいました。「仕事に期待が持てないし、じゃあ、プライベートを充実させよう」と思い、「DJイベント」に全力投球。終業時間になるとすぐに会社を飛び出して、イベントの段取りに駆けずりまわっていました。

僕の持っているパワーが全部で「100」だとすれば、「仕事モード」に使っていたのは、「10」くらい。残りの「90」は「プライベートモード」、つまり、DJイベントに費やしていた感じです。

僕は、「仕事モード」と「プライベートモード」を完全に切り分けていて、「プライベー

■ **自分の能力をフル活用しよう！**

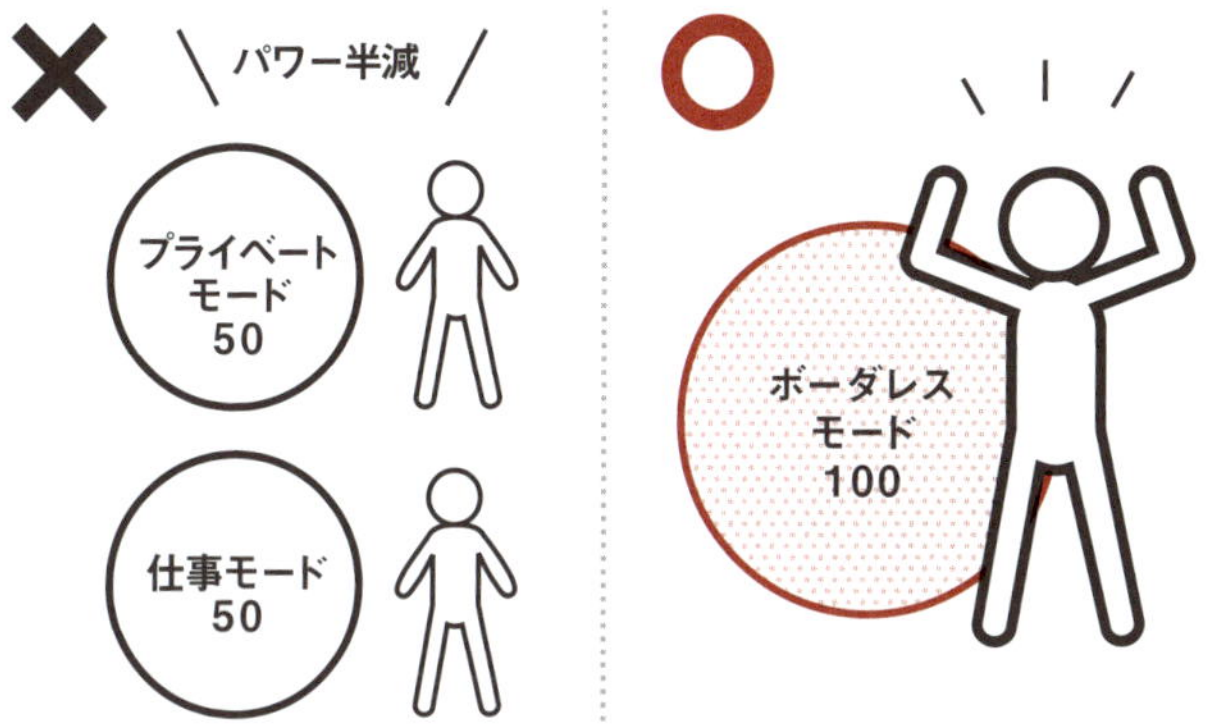

トモード」の自分こそ、「本当の自分」だと信じていました。

でも、いま振り返ってみると、当時の僕は、あさはかだったと思います。

なぜなら、「プライベートモード」で実証されたテクニック（人に貸しを貯金するテクニックなど）を「仕事モード」では、まったく活用していなかったからです。

「仕事モード」と「プライベートモード」が持っているパワーを、2つの自分に「分散」させることはせず、「ボーダレスモード」になっていれば、仕事の成果が変わったはずです。

ただでさえ力のなかった僕が、仕事に対して

「10」しかパワーを使っていなければ、エリートたちに勝てるわけがありませんよね。

「ボーダレスモード」で、24時間、エネルギーを燃やし続けよう！

自分が持っている「１００のパワー」を「50対50」とか「30対70」とか、「10対90」に分散させずに、いつでも、何にでも「ボーダレスモード」で行動する。そうすれば、**どんなシーンでも常に「１００のパワーが出せる自分」でいられるはず**です。

仕事も、プライベートもない。オンも、オフもない。スイッチを使い分けない。

それができると、デート中に仕事のアイデアが浮かんでくることもあるし、ショッピング中にキャッチコピーを思いつく。

逆に、仕事中に彼女の誕生日プレゼントが決まったり、週末のテニスのゲームプランが固まったりすることがあります。

僕は、「バカでも年収１０００万円メソッド」を商談のときも使うし、デートのときも使っています（笑）。仕事でもプライベートでも、自分が持っているスキルをフル活用すれば、「どちらも100の成果」が得られるからです。

僕が一緒に仕事をしている「キマグレン」は、ミュージシャンですが、イベント会社の経営もしています。

ステージに立つ側でありながら、裏方でもある彼らは、ミュージシャンと経営者の顔を使い分けてはいません。プライベートの話題を曲にすることもあれば、ミュージシャンとしての人脈や経験をイベントに活かすこともある。

どんなシーンであっても、自分の「能力を100%」フルに使い切っているからこそ、音楽活動も会社経営もうまくいっているのだと思います。

スイッチを切り替えるのは、自分の力が、「500」とか「1000」になってからでもいい。それまで、おバカな僕たちは「ボーダレスモード」で24時間、フルマックスでエネルギーを燃やし続けてみようじゃないですか!!

バカ
16スキル

スキル5

「ロングシュートのラッキーゴール」は、意外と多い！

僕はサッカーが好きで、日本代表チームを応援していますが、「日本人はパスばかりしてシュートを打たない」という批判を良く耳にします。

たしかに、どんなに「パスまわし」がうまくても、シュートを打たなければ、点は入りません。海外の選手を見ていると、「ゴールが見えたら、どこからでもシュートを打つ」、「最後はシュートで終える」という意識が高い気がします。

僕は、ビジネスでも完全に同じことがいえると思います。ようするに、営業であれば「クロージング（購入してもらうこと）をしなければ、契約は取れない」ということ。

■シュートを打たなければ、結果は出ない

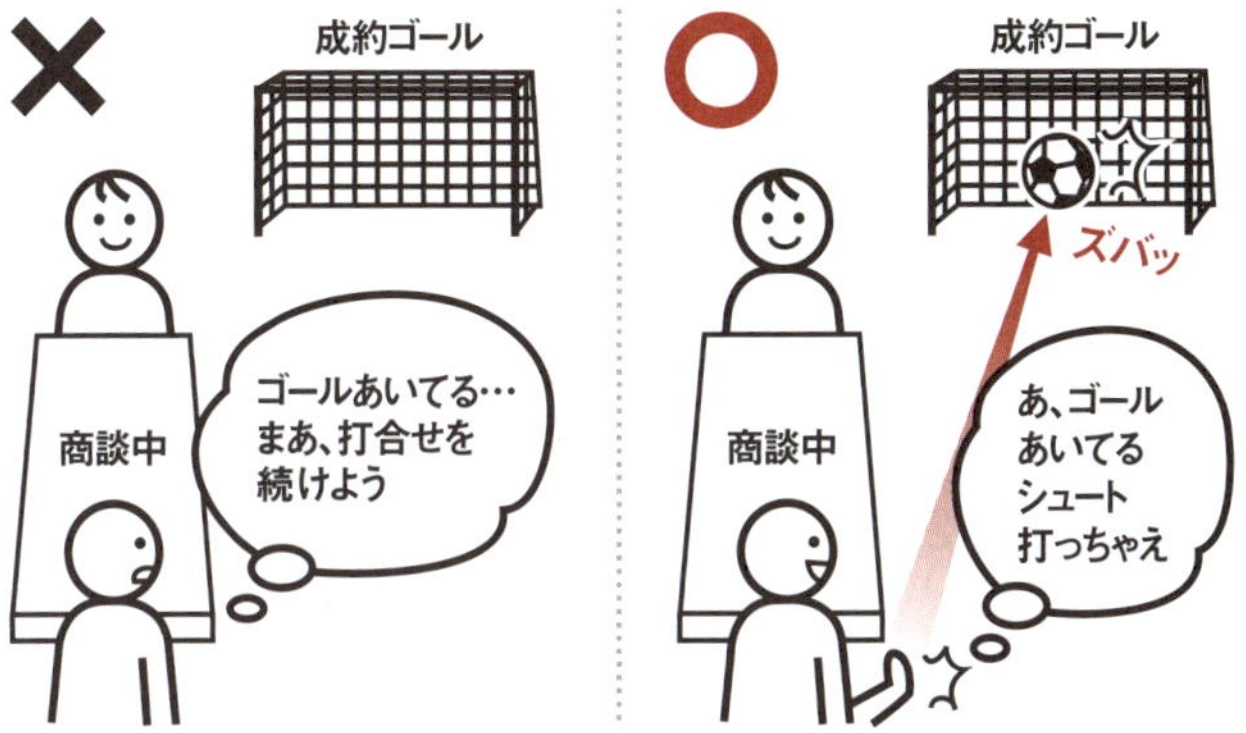
×
成約ゴール
商談中
ゴールあいてる…まあ、打合せを続けよう
○
成約ゴール
ズバッ
商談中
あ、ゴールあいてるシュート打っちゃえ

ビジネスもサッカーも、**たとえゴールを外すのが怖くても、「ゴールが見えたら、全力でシュートを打つ」ようにしなければ、勝利をもぎ取ることはできない**でしょう。

200万円の仕事がほしいなら、「200万円ください」といえ！

僕が取締役を務める「アライブ（株）」の決算は9月末ですが、決算日の10日ほど前に、予定していた200万円の案件が、「無効」になってしまったことがありました。

このままでは目標額（その年度の僕の目標額は、4500万円でした）を割ってしまうため、「来年の給料は下がるだろうな」と一度はあきらめかけたのですが、「ダメもとで、ロングシュートを打ってみよう」と思い直したんです。

僕は、大企業に勤めるSサンに電話をかけました。そして、「折り入って相談がある」といって呼び出し、Sサンに向かって、超・超ロングシュートを放ちました。

「だれにもいえない弱みなんですけど、じつは目標まで、あと200万円足りないんです。正直にいうと、いま、Sサンに買っていただける商品も、アイデアも、提案も、具体的にはありませんが、とりあえず200万円の仕事をいただけませんか？」

「売るものはないけど、200万円ください」なんて、虫が良すぎる。厚かましいにもほどがありますよね（笑）。

それなのにSサンは、「伊藤クンが弱みを見せるなんてめったなことでないし、そういうことなら、いいよ」といって、「コンサルティングの仕事」を発注してくださいました。

勇気ある、超・超ロングシュートがゴールに突き刺さったんです！

200万円をいただいてから数週間後、僕は「高額商品を購入したお客様に向けた、アフターセールスのしくみ」を提案しました。

この提案は思いのほか快く受け入れられ、現在は、Sサンの部署のみならず、全社的な取り組みに発展しつつあります。

ゴールを目指すなら、まず「シュートから逆算する習慣」をつけましょう！　そして、**「ゴールを外してしまう恐怖」に打ち勝って、果敢に「必ずシュートを打つ」ことを習慣にしましょう！**

そうすれば、絶対に、「ラッキーゴール（成果）」はついてくるはずです。

バカ
16スキル

スキル❻

「本番は今日だけ」しかない。未来は今日の積み重ねで決まる

「バカ6大奥義」の「奥義⑤」を覚えていますか？
【「夢や目標を捨て」て、身軽になったが勝ち！】でした。

夢や目標を無理してつくると、それに縛られてしまい、「自分の可能性」が制約されてしまうことがあります。
だとしたら、夢や目標はなくてもいいから、毎日毎日、フルスピード&フルパワーで「バカ6大奥義」を繰り返していけばいい。**夢も目標も、理想の未来も、「今日の行動の積み重ねの結果でしかない」から**です。

■ 1日1日の積み重ねの先に、理想の未来がある

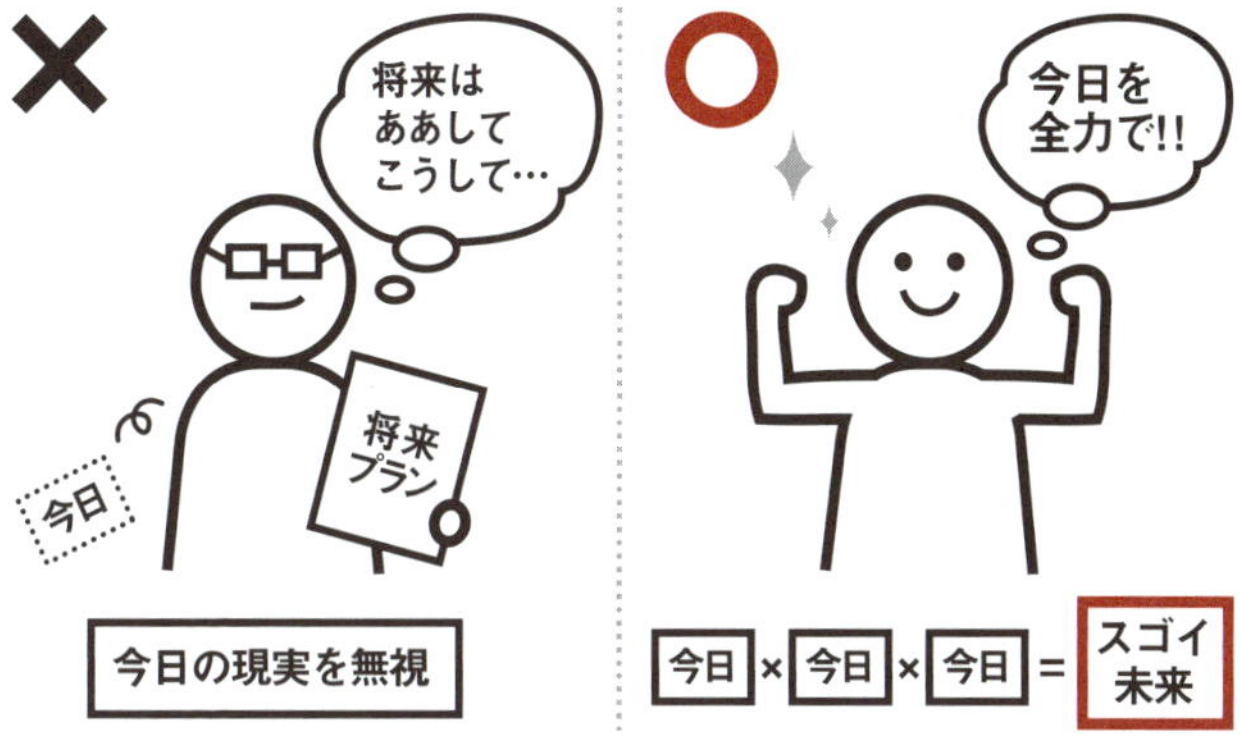
×
将来はああしてこうして…
今日
将来プラン
今日の現実を無視
○
今日を全力で!!
今日×今日×今日＝スゴイ未来

あるコンサルタントが、500年以上続く老舗旅館の女将に質問をしました。

「どうしてこんなに旅館が長く続いているのですか？　その理由を知りたいのですが、なにかすごい戦略があるのですか？」

すると女将は、こう答えたそうです。

「毎日、目の前で起こったことに必死になって取り組み、必死で解決してきただけです。そこには、何の戦略もありません」

戦略に長けた企業がまたたく間に倒産し、戦略はなくとも「目の前の出来事」に必死に集中して

きた旅館が生き残る。

大事なのは、「今日1日を最大化することだけ」であり、目の前の仕事やチャンスを活かせない人に、「理想の未来」をつかむことなどできません。

「今日を最大化できる人だけが、未来を最大化できる」のです。

「今日だけが本番」であり、「今日以外に本番はない」

たとえば、こんなことを考える野球選手がいたら、あなたはどう思いますか？

「先発ピッチャーが疲れてくるのは7回以降だから、それまではバットを振らずに様子を見よう。いまは、ピッチャーの球筋やクセを見極めることだけに専念しよう」

「バッカじゃね〜の」と思いませんか？（笑）

「そもそも論」で考えると、野球選手の目的は「試合に勝つこと」です。先発ピッチャーを攻略することではありませんよね。

それに、7回で先発ピッチャーが交代するかもしれない。

だとしたら、「試合に勝つ」ために、1回から全力でバットを振っていかなくちゃ。

「僕たちの本番は、今日だけ」です！ 1年後でも、3年後でも、5年後でも、10年後でもありません。だって、明日、生きている保障がある人は、世の中に1人もいないのですから。

今日1日を全力でがんばること。いま、全力を出すこと。それ以上の「最善の策」は存在しません。

「明日があるからいいや」と思って、今日をないがしろにしていませんか？ **あなたにとって、「本番は今日だけ」であり、今日以外に、本番はないのです！**

バカ
16スキル

スキル⑦

「数字や論理」ではなく「感情と行動で考える」

僕は、ほかのビジネスパーソンよりも、「企画書や提案書」を書かないほうだと思います。お客様から「書面がほしい」と頼まれたらつくりますが、それも簡略化したものであって、「50ページ以上の分厚い企画書」なんてつくることはありません。

僕が企画書をつくらない理由は…、

・ワード、エクセル、パワーポイントを使いこなせない
・自分の得意な方法を用いたほうが、クオリティーが上がる
・形式的な資料よりも「2時間×3回」のミーティングを重視する

■相手の「感情」を動かす方法を考える

×
なるほど、では検討しよう
○
このサービスはテレビから取材されたことがありますよ
じゃあとりあえずやってみるか

といった理由からですが、あと、もうひとつ特別な理由があります。それは、

「企画書が、必ずしも相手の感情を動かすとはかぎらない。企画書以外の方法を使ったほうが、相手の感情を動かすことがある」

と思っているからです。

人間の行動は、「感情」によって生まれるといわれています。また、「論理的に正しい」からといって、感情が動くわけではありません。

数字やデータ満載の企画書をつくって「企画の妥当性を論理的に説明」したとしても、相手の感情が動かなければ、「契約」という「行動」に結びつかないのです。

「数字」や「論理」よりも「相手の感情を動かす方法」を考える

相手を説得したいなら、「数字」や「論理」にこだわらないほうがいい。

「相手がどういう気持ちになったら、動いてくれるのか」を考え、**「相手が、感情を動かしてくれる方法」で説得したほうが成功率は上がります。**

ちょっと、極端な例ですが、タバコをやめさせようと思ったら、「タバコで数倍の肺がんリスクが上がる」というより、「知り合いが3人も肺がんでなくなった」といったほうが、相手の感情を動かすでしょう。クルマを買わせたいなら、「このクルマは月販2万台売れているんです」というより、**「このクルマに乗る男性は、たいがい女性にモテはじめます」といったほうが（笑）、感情を動かすことができます。**

「僕はこれまで、20人のアーティストと仕事をした」というより、「メタリカやグリーン・

デイ、キマグレンのプロモーション実績がある」といったほうが、「そんな大物の仕事をしている人ならぜひお願いしたい。伊藤クン、すげぇな」と思ってもらえるはずです。

名古屋で、お客様と大切な商談がありました。商談の時間は午後2時から。ところが、僕が東京に戻らなければいけなくなり、時間を前倒しすることになったんです。電話をかけて「午前11時からにしてほしい」とお願いしたところ、しぶしぶ了承してくれましたが、電話の向こうで、お客様はちょっと機嫌を悪くされたようでした。

僕は、「どうすれば、機嫌を直してもらえるか」を考えました。

そこで、「アライブ（株）」のアパレル事業部が販売しているボクサーブリーフ「ａｎｉｍｏ（アニモ）」を自前で購入して、おみやげに持っていくことにした。「見積もり額を値下げする」という手段も考えなかったわけではありませんが、**会ってすぐに「これプレゼントです！」と渡すほうが、感情が動くと思った**のです。実際、ものすごく、よろこんでくださいました。ちょっとした気遣いが、相手の感情を動かしたんですね。

バカ
16スキル

スキル⑧

「転職や起業」は大間違い！「20代で取締役」になる方法

年収を上げるための「キャリア戦略」に目を向けてみると、バカのひとつ覚えのように「転職」と「起業」を煽《あお》る情報があふれていませんか？

けれど、この時代、大企業への転職はかなり無理っぽいし、起業には大きなリスクをともなうので、「だれもがカンタンにできる」というわけじゃありません。

僕が商社を退職後、転職先に「アライブ（株）」を選んだのは、社長の三輪へのリベンジもありましたが、もうひとつ、「この会社だったら、自分のフルパワーを発揮できる。アクセルをめいっぱい踏み込んで進んでいける」と思ったからです。

■ フルパワーを発揮できる場所で働く

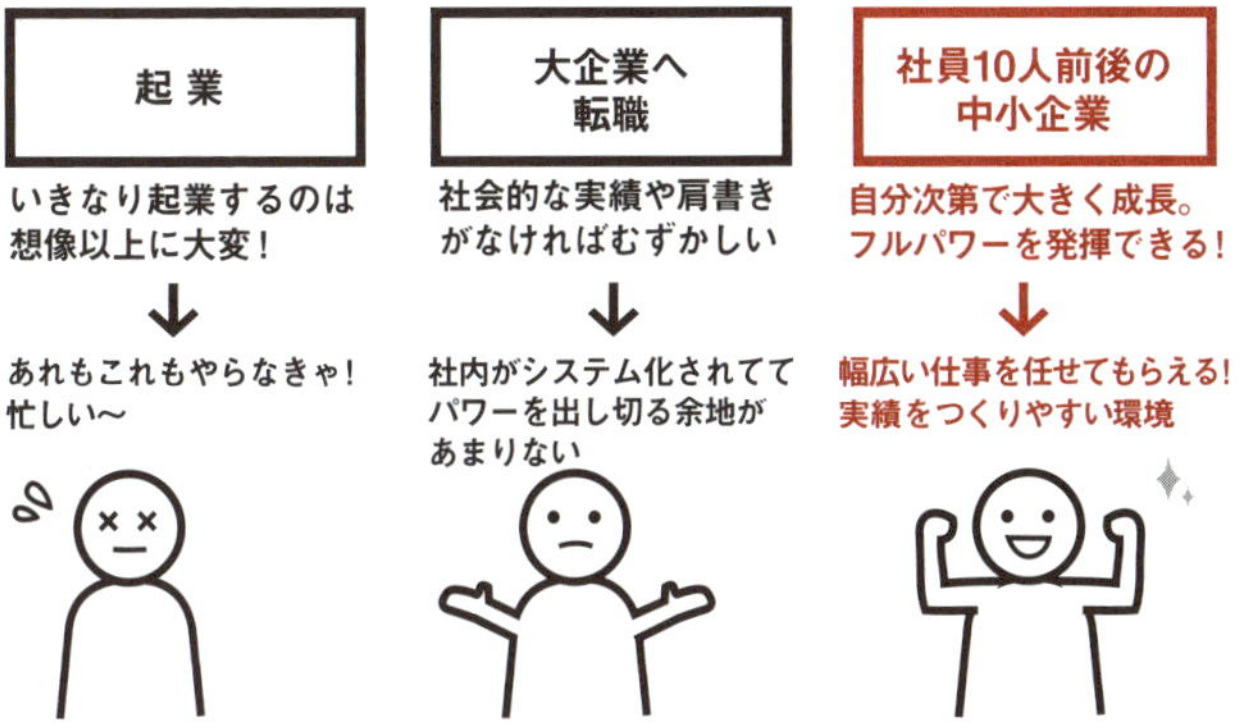
起業
いきなり起業するのは想像以上に大変！
あれもこれもやらなきゃ！忙しい〜
大企業へ転職
社会的な実績や肩書きがなければむずかしい
社内がシステム化されてててパワーを出し切る余地があまりない
社員10人前後の中小企業
自分次第で大きく成長。フルパワーを発揮できる！
幅広い仕事を任せてもらえる！実績をつくりやすい環境

「社員10人前後の中小企業で結果を出せば、人数が少ないから、当然、たちまち社長の右腕になれるのではないか！」

「大きい会社に勤めるより、思い切ったことができるのではないか！」

「そうすれば、取締役に抜擢される可能性もあるのではないか！」

「報酬・年収も上がるのではないか！」


僕は、単純にそう考え、実際にそうなりました（笑）。

中小企業は、大手企業に比べると「倒産する確率が高い」といわれていますが、**小さい分、自分がめちゃくちゃ結果を出せば、ツブれることはない、そして、自分で起業するよりリスクはないのです。**

だから僕は、取締役になったいまでも、ガンガン稼ぐために、「バカでも年収1000万円メソッド」を使い続けているわけです。

バカリーマンは「自分のフルパワー」を発揮できる会社を選べ

転職や起業は、キャリアアップの「手段」であって、「目的」ではありません。僕たちが本当になりたいのは、大手企業の社員になることではなくて、「バカリーマンでも年収1000万円になること！」ですよね。

だとしたら、

「自分のフルパワーを発揮できる場所」
「アクセルをめいっぱい踏み込んで進んでいける場所」

に身を置くほうが正解です！

ぼくがたった3年で取締役になれたのは、「ローリスク・ハイリターン」のキャリア戦略を実現できたからです。

たしかに「アライブ（株）」は中小企業ですが（笑）、それでも取締役には変わりありません。大きい会社でも小さな会社でも、役職名に優劣はありません！

学歴を頼りに大手企業に入社して、まったく活躍せずに満足してしまうエリートよりも、中小企業で取締役になって、年収1000万円もらえるほうが楽しいし、カッコイイと思いませんか？

僕は、断然カッコイイと思います！

バカ
16スキル

スキル⑨

「自分だけの地図」をつくると、一流への道筋が見えてくる！

『レバレッジ・リーディング』（東洋経済新報社）や『レバレッジ時間術』（幻冬舎）の著者として知られる本田直之サンが、「ほぼ毎日、だれかと会って、会食をしている」といっており、僕も真似をしてみようと思いました。

「一流探知機」をセットして、「自分よりも成功している人」、「自分よりも実力が上の人」を見つけたら、食事に誘う。「1週間で10回（10人）」を目標に、「昼は、この人」、「夜は、この人」とアポを入れています。

これを2年半ほど続けていますが、「一流」との食事をとおして、気づかされることがあります。

■ **自分の「現在位置」がわかれば、一流までの道筋がわかる**

×　ひとりだけではいつまでたっても変わらない

○　さまざまな人に会い、情報に触れていくことが大事

それは「自分のポジション」です。

一流と自分を重ね合わせ、比べてみると、

「自分に足りないスキルはなにか」
「自分に足りているスキルはなにか」
「一流は、どのような視点を持っているのか」
「自分のキャラクターは、どのように受け止められているのか」
「この人に勝てるのか、勝てないのか」
「自分の得意、不得意はなにか」

といったことが見えてくるのです。

「自分の居場所」がわからなければ、どこに向かっていいかわからない

僕は「だれも選ばないような奇抜なファッション」をして、「見た目だけでも相手にインパクトを与える」ようにしています。

けれど、実際、この戦法は、どれだけ相手にインパクトを与えているのか、本当のところは、正確にわかってはいませんでした。

そんなときある社長から「伊藤サンの洋服、いつも決まっていますね。我が社のお客さんのなかでは名物キャラですよ」と褒めていただき、「キャラを立てるだけで親しくなれること」、「ファッションに気を配るだけで、注目されること」を知りました。

また、別の社長からは「伊藤サンは、売れているものをさらに売るプロモーションより、売れていないものを売るときのほうが、おもしろいアイデアが出てきますね」と評

価していただき、「自分の持ち味」に気づかされたこともありました。

自分の居場所、自分のポジションがわからないと、「どこに、どうやって向かっていけばいいのかわかりにくい」ですよね。

どの方向を目指すにせよ、現在地がわからなければ、動きようがありません。だから、**一流の人たちに会いながら、「自分だけの地図」をつくっておくべき**なのです。

もしみなさんが「なにをどうしたらいいのか、わからない」ならば、まずは、動いてみるべきです。家から外に出る。オフィスを出る。外に出て人に会いましょう。人に会うのが苦手なら、情報に触れましょう。情報といっても、インターネットは情報じゃない。自分の目で見て、耳で聞いて、肌で感じる。

「その実際に触れた感覚の膨大な積み重ねが、自分だけの地図を形づくっていく」ことでしょう。

さぁ、いますぐ、この本を閉じて、外に出ましょう!!（笑）

バカ16スキル

スキル⑩

「食べてみてジャッジ」する。まずかったら吐き出せばいい！

僕は、名古屋にいるころから「グルメ」を自認しており、「ギャップのあるお店」（166ページ参照）をたくさん見つける努力をしてきました。

「こんなボロいところ、うまいはずがない」と食べてみたら劇的にうまかったり、反対に、「2万円も払うのだから、うまいに決まっている」と思っていたら、期待はずれだったこともあります。

で…、僕が「バカうまの店」を知っているのも、「期待はずれの店」を知っているのも、**「実際に自分で食べてみたから」**なのです。

■「1次情報」を取りにいく習慣をつける

×
あの店のラーメンはおいしいらしいよ…
スープは12時間かけて熟成してるらしいね
○○の雑誌では2年連続1位なんだよなぁ
○
あの店のラーメン、おいしかったよ!!

行ったことはないが、ウンチクを知っている

ウンチクは知らないが、実際に行ったことがある

僕たちは、一般的に、往々にして「食べず嫌い」をしがちです。

食べてもいないのに「まずい」と決めつけたり、体験してもいないのに「自分には向いていない」と決めつけたり。

テレビで見たこと、インターネットでのカキコミやクチコミ、本や新聞に書かれてあったことはすべて「2次情報（また聞き）」なのに、それを「あたかも自分が体験したかのように」論評することがあります。

でも、**「一度自分で試してみなければ、本当のジャッジは下せない」のではないでしょうか。**だから僕は「体験するまでは、論評しない」ように心がけています（体験していないときは「人から聞いた話だけど」と前フリしてからコメントしています）。

僕が「成功の糸」をつかむために果敢に行動するのも、「食わず嫌い」をしないほうが、チャンスが広がったという経験があるからなのです。

ジャッジをするのは、一度、試してから

「この講師、性格悪そうだな…」と思いつつも参加したセミナーで「めちゃめちゃ役立つビジネススキル」が身についたこともあれば、「期待度１００％！」で参加したセミナーを、途中で放り出したこともありました。

これは「ロジカルシンキング」を学びに、あるセミナー（全6回）に参加したときのことです。

僕はもともと「数字」や「論理」を重視しないタイプなので、２回目にはもう「この

セミナーは自分のスタンスに合っていない」ことがわかり、3回目以降、受講することはありませんでした。**食べてみたら、まずかった。だから吐き出したわけです。**

余談ですが、その1年後、「販促物をつくってほしい」という相談があり、お客様にお会いしてみると、なんと、僕が投げ出したセミナーの講師の方でした。ロジカルシンキングを教えていた先生が、ロジカルシンキングをあきらめた僕に仕事を頼みにくる……。セミナーを途中で投げ出したことは、決して間違いではなかったわけです（笑）。

やらずしてコメントを残すくらいなら、一度でもいいから足を突っ込んでみる。**「行く、行かない」で迷っているなら、とりあえず行ってからジャッジする。**試してみて、ダメなら、やめればいい。

試してもいないのに「できない」、「向かない」といっていると、大きなチャンスを見逃してしまいますよ。

バカ16スキル

スキル⑪

「ダメもとアプローチ」を使えるだけで得をする

僕は以前、ダメもとで「２００万円の仕事をください！」とロングシュートを放ち、ゴールを決めたことがありました（２０４ページ参照）。

「入るか、入らないか」わからなくても、とりあえずゴールに向かってボールを蹴り出さないかぎり、絶対に得点は入りません。**結果がほしいのなら、リスクを怖れずに、「ダメもとアプローチ」で挑み続けることが大切です。**

ある風水に詳しい税理士さんから、

「サイフの値段に２００をかけ算すると＝《イコール》その人の年収になる」

■リスクを怖れず、「ダメもと」で行動を起こそう

✕
さぁ、どうしよう
あれもダメだし
これもダメだし…
それとも…
→1時間経過
○
やってみたけどダメだ!
じゃあ次は…
→10秒

「黒いサイフはお金がたまりやすく、白いサイフはお金を育む」

という法則を教えていただいたことがあります。それも、「自分でサイフを買うよりも、尊敬している人に買ってもらうと効果が高い」というんですね。

僕はさっそく、人材紹介会社のK社長に連絡を取りました。厚かましいのは重々承知。ダメもとで、「ゴヤールの長サイフ（白）」を買ってもらおう、と思ったからです。

「K社長ぉ～！　サイフの話を知っていますか？

使っているサイフの値段を200倍した金額

が、その人の年収になるそうです。5万円のサイフを使っていれば、その人の年収は1000万円になるのだとか…」

「しかも、自分でサイフを買わないほうが、金運は上がるんですって。サイフは、尊敬している人に買ってもらったほうがいいみたいです…」

「で、じつは、いま僕がいちばん尊敬しているのが、K社長、あなたなんです!! 社長、僕にサイフを買っていただけませんか?」

するとK社長は「うん、いいよ」といって、僕にサイフをプレゼントしてくれたんです!!! なんとその「ゴヤールのサイフ」は「12万円」もしました。

K社長は「いちばん尊敬しているのは、あなただ」といわれ、それが僕の本心からの気持ちだというのがわかったので、気を良くしてくれたのだと思います(笑)。

「ダメもとアプローチ」をしたほうが、成功率が上がる

「天才」とか「エリート」とかいわれている人たちは、「こうすれば、どうなるのか」、あらかじめ結果を予測する力に長けています。

「失敗する確率が高い」と思ったことには、手を出さない。かしこいです。でも、このかしこさが、「常に安全な選択」ばかりをさせているのではないでしょうか。

「12万円のサイフを他人に買ってあげる人なんて、世の中にいるはずはない」と、やる前から予測して、あきらめてしまうんですね。

「できるか、できないか」、その答えは、文字通り「やってみなければわかりません！」。

「ほしいもの」があれば、「ほしい」といってしまえばいいし、やりたいことがあれば、やってみたほうがいい。たとえ失敗しても、死ぬわけじゃありません。だったら、「ダメもとアプローチ」をしたほうが、成功率は飛躍的に上がるのです！

バカ
16スキル

スキル⑫

「ほしいもの・やりたいこと」がカンタンに手に入る方法

「夢や目標を手帳に書くと、現実化する」という、有名な成功法則を聞いたことはありますか？

僕は3年ほど前に、この法則を知りました。

「成功者の多くがそうしている」というのなら、真似しないわけにはいきません。

で、僕も書いてみました。

…といっても、「人生の夢や目標」はなかったので、とりあえず、

「こんなことをしたいな」

■夢や目標を手帳に書くと、現実化する

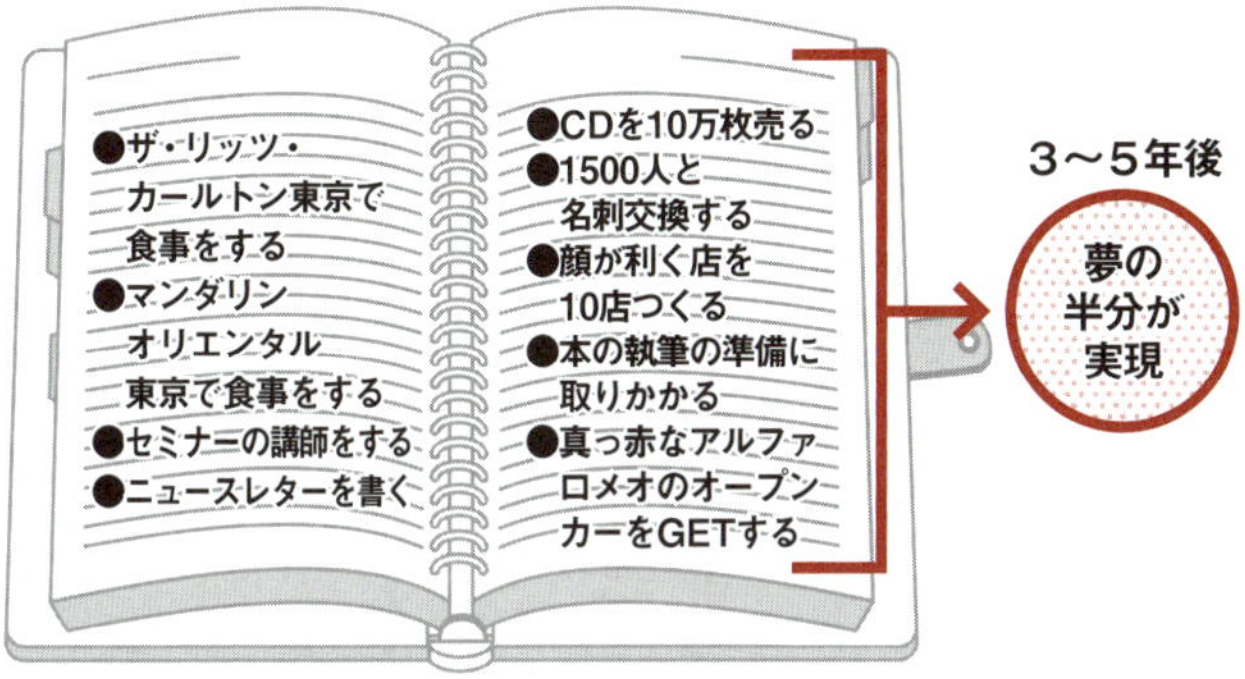
●ザ・リッツ・カールトン東京で食事をする
●マンダリンオリエンタル東京で食事をする
●セミナーの講師をする
●ニュースレターを書く
●CDを10万枚売る
●1500人と名刺交換する
●顔が利く店を10店つくる
●本の執筆の準備に取りかかる
●真っ赤なアルファロメオのオープンカーをGETする
3〜5年後
夢の半分が実現

「こんなことができたらいいな」

「こんなものがほしいな」

という「願望」を書き出してみたんです。


で…、結果はどうだったか…。

3年前に書いた「願望」を見直してみたら、「半分以上」がかなっていました!!!


「ザ・リッツ・カールトン東京で食事をする」もかなった。

「マンダリンオリエンタル東京で食事をする」もかなった。

「セミナーの講師をする」もかなった。

「ニュースレターを書く」もかなった。
「CDを10万枚売る」もかなった。
「1500人と名刺交換する」もかなった。
「顔が利く店を10店つくる」もかなった。
「真っ赤なアルファロメオのオープンカーをGETする」もかなった。
「本の執筆の準備に取りかかる」もかなった。

3年から5年で、「ほしいもの・やりたいこと」が手に入る

「手帳に書くと目的が明確になる」からなのか、「潜在意識に刷り込まれる」からなのか、僕はおバカなのでその理由も根拠もわかりません（笑）。

　けれど、とにかく「こうなったらいいな」と思ったことの半分以上が、実現しているので、「この成功法則は正しい」のです（笑）！

なのでみなさんも、**「え？　書いたぐらいで実現するわけないじゃん」とかいわずに、もっとおバカに徹して、「ようし、書くだけで願望がかなうなら、いますぐ、願望を手帳に書いてみよう！」と、手帳に書いてみてください。**

「根拠のない自信」を持って、ぜひ、「ほしいもの・やりたいこと」をできるだけガンガン書き並べてみてください！

「世界征服をしたい！」とか「火星に行きたい！」といった「妄想的なもの」や「大きすぎる夢」はムリかもしれませんが（笑）、3年から5年で、手帳に書いた願望の「その半分以上」は手に入ると思います！

なにしろ、おバカな僕だって手に入ったんだから、かなり可能性は高いはずです！

バカ16スキル

スキル⑬
「自分勝手な欲望」と「だれかのため」をリンクさせろ！

『空海！　感動の人生学』（中経出版）の著者である、高野山真言宗大僧正の大栗《おおぐり》道榮《どうえい》住職と個人的にご縁があるのですが、大栗住職は、「ビジネスで成功するには、自利利他《じりりた》の心がけが必要」と説いています。

「自分の利益」を考えていくと、じつはそれが「他人の利益」にもつながっていく、という教えです。

僕はまだまだ未熟なので、「だれかのために」を、完全には実践できていません。

でも、「だれかのために」という気持ちを持っているほうが、「大きな成果に結びつく」

■ **自分の利益と他人の利益をリンクさせる！**

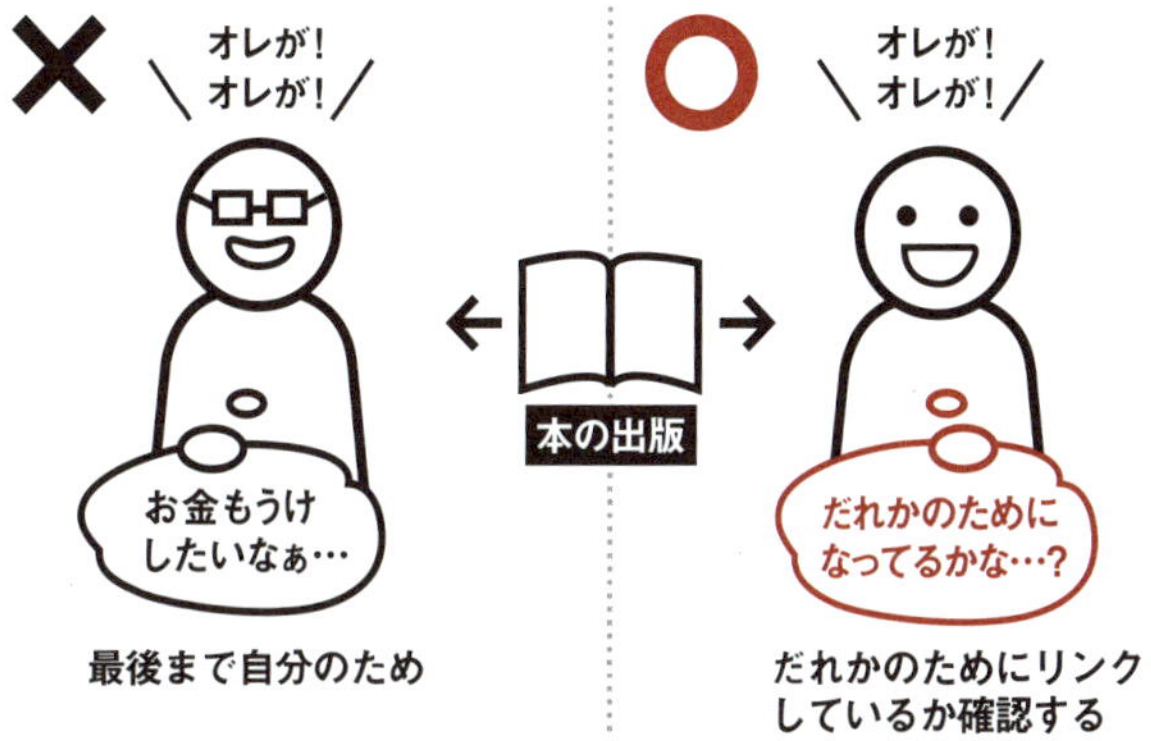
オレが！
オレが！
お金もうけしたいなぁ…
最後まで自分のため
本の出版
オレが！
オレが！
だれかのためになってるかな…？
だれかのためにリンクしているか確認する

ことは、なんとなくわかってきました。

たとえば、本書。僕が本を出版したかった最初の理由は、「目立ちたいから！」でした（笑）。これは「自利《じり》」ですね。

けれど「目立ちたい」という自分勝手な理由だけでは、出版はかなわなかったと思います。

「目立ちたい」という理由に、「僕と同じような境遇の人たちに、このメソッドを役立ててほしい」という「利他《りた》」をリンクさせたからこそ、コンテンツ（アイデア）が広がっていったんです。

「自利《じり》（自分の欲求）」と「利他《りた》（だれかのために）」をリンクさせると、「本当の志」となる

若いときは、マインド的にも「だれかのために生きる」のはむずかしいですよね。

たとえば、「衣食住」も満たされていない状態で「人のために生きろ」といわれたって、受け入れがたいでしょう。

だから、おバカな僕らは「自分勝手な欲望」のために行動していいと思います。

「自分勝手な欲望」のためでもいいから、「とにかく動きはじめる」ことが大切です。

ただし動きはじめたら、途中で「いまの自分の行動は、だれかのためになっているかな？」を考えてみましょう。「自利」と「利他」をリンクさせることができたら、広がりが大きくなっていくはずです。

たとえば、「取締役になりたい」という「自分勝手な欲望」があったら……、

「いまの会社で取締役になりたい」（自利）

←

「そのためには、売上を上げなければいけない」

←

「売上を上げるには、お客様に商品を買っていただかなければいけない」

←

「商品を買っていただくには、品質を高める必要がある」

←

「品質が高くなれば、世の中から粗悪品がなくなる」（利他）

←

「自分が取締役になれば、世の中から粗悪品がなくなる」（自利利他）

このような感じで、**「自分勝手な欲望」と「だれかのために」をリンクさせる。するとその「リンク」は、やがて本当の「ピュアな志」へと変わっていくのです！**

バカ
16スキル

スキル⑭

神様から「おい、そりゃないよね」と怒られそうな行動はしない

「アライブ（株）」の東京オフィスには、なんと僕ひとりしかいません（笑）。ということは、サボろうと思ったらいくらでもサボれるわけです（笑）。何時まで寝ていても、バレません（笑）。

でも僕が毎朝8時から仕事をはじめているのは、**じつは「ある人」に監視されているから**なんです。

僕は、ウェブやセールスレターを使ったプロモーションコンサルティングをしています。

この業界はとても専門的なので、業界の事情をよく知る人でないと、「適正価格」が

■「神様」というチェック機能をつくる

明日から
がんばります！
翌日
おい伊藤。
そりゃないよね。
そろそろ起きたら？
Z
Z
Z

わかりにくい。一般的な相場もはっきりしていないので、「過剰な見積もり」をしても、お客様に気づかれにくいんですね。

でも僕は、過剰見積もりをしません。毎回正直に見積もりを提出しているのは、じつは「ある人」に監視されているからなんです。

では、「ある人」とは、だれだと思いますか？ うちの社長の三輪？ 内なる自分？

いえいえ、違います。**それは「神様」です（笑）**。

僕は特別な「信仰」を持っているわけではありません。無宗教です。

ですが、自分ひとりだけだと、ついつい自分に甘くなってしまうかもしれない。そうならないためにも、「神様が見ているかもしれない」と思うようにしています。

「神様」から「おい伊藤。そりゃないよね」と怒られそうな行動はしない。

普段からそう心がけていると、おのずと、正しい振る舞いをするようになる。「神様」の存在が、僕の行動に規律をもたらしてくれます。

人間の成長は、「だれにも見られていない時間」の使い方で決まる

僕は、

「だれにも見られていないときに、どういう行動をするか」
「ひとりでいるときに、なにをやっているか」

によって、「人間の成長」の度合いは変わってくると思っています。

金曜日の夜、飲みにいく人が多いなかで、僕はセミナーに参加する。
合コンやデートよりも、ビジネスパートナーとの食事を優先する。
テレビを捨てて、ビジネス書を読む。

バカリーマンがエリートに勝とうと思ったら、「だれにも見られていないひとりの時間」で差をつけるしか、方法がありません。

だからこそ僕は、「だれにも見られていないひとりの時間」をおろそかにしないように、そして「人の道」をはずさないように、「神様」というチェック機能をつくっているんです。

バカ
16スキル

スキル⑮

「本気になればできる」と思っているだけではダメ

ＤＪイベントのスタッフのなかに、「元エリート」がいました。

愛知県下で有数の高校に進学するなど、彼の学歴はトップクラス。けれど、大学卒業後は定職につかずに（大学も有名大学）、フリーター生活を続けていました。

僕は彼に「なぜ、就職しようとは思わないのですか？」と尋ねたことがあります。彼は、こういいました。

「オレが本気を出せば、いつでもできるからね。オレ、やればできる男だからね」

彼は、「自分が本気を出せば、将来的にはエリートに戻れる」と思っていたようです。

■ 3カ月間なにもしないと、「できない自分」になる

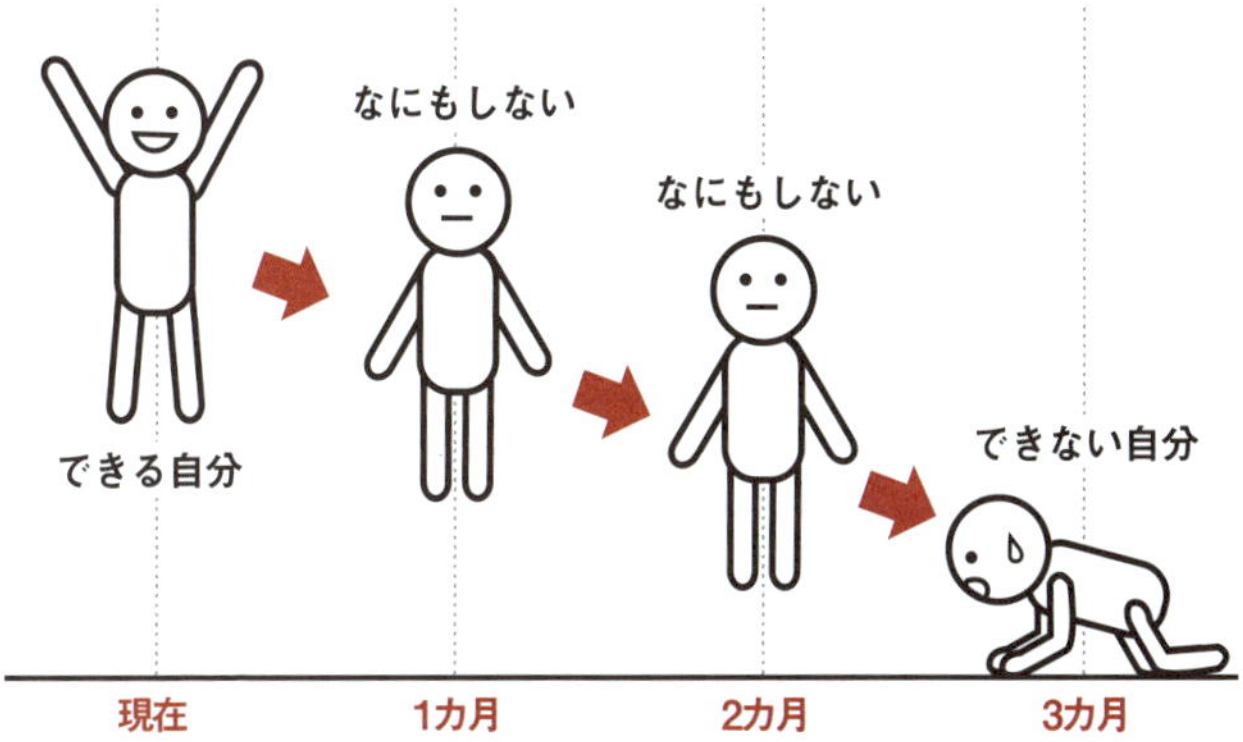

けれど、僕の見方は違いました。

「たぶん、この人は、一生、なにもやらないぞ」

なぜなら、**「今日を最大化していない人に、未来を最大化できるわけがない」**からです（208ページ参照）。

「できなかったのは（できていないのは）、本気になっていないから」と言い訳をしているだけ。

実際にやったら、できないかもしれないという事実を直視するのを怖れ、責任から逃れているだけの人に、「やればできる」わけがありません。

3カ月間じっとしていたら、「できない自分」になってしまう

彼に限らず、「いつか本気になれば、自分にもできる」と思っている人は多いと思います。

「本気になればできる」という「根拠のない自信」を持つことは、僕も賛成です。

でも、思っているだけでは、なにも変わりませんよね。**「根拠のない自信」をエネルギー源にして、「現在進行形でアクションを起こす」こと**をしなくては。

3カ月間、なにひとつリスクを負わず、アクションをしていなければ、「やれない自分」に成り下がってしまうと思います。

3カ月間、じっとしていたら、どんどんスキルが落ちてしまうと思います。

3カ月間、普通に会社に行って、言われたことだけをやって、家に帰ったらテレビを見ていては、どんどんパワーが落ちてしまうと思います。

「過去の栄光」や「昔話」を語る人は、「今日を最大化していない人」ではないでしょうか。「やればできる」と思っているだけで、実際はなにもやっていないように思います。

僕のまわりにいる「一流の人たち」は、昔話をほとんどしません。「一流の人たち」は日々、「現在進行形でアップデートしているから」です。

大切なのは、「今日、どうするか」だけ。だから話の鮮度が高いんですね。

「本気になればできる」と信じていながらも「いま、やっていない人」は、自分を信じる気持ちをアクションに変えて、いますぐトライしてみてください！

いま、いまです！　いますぐ本気で行動を起こしてください！

バカ16スキル

スキル⑯

「短所より長所を伸ばす」と成功が早い！

中小企業診断士の勉強に取り組んでいた「アライブ（株）」社長、三輪から、「よっち（僕のあだ名）も、専門スキルを身につけておいたほうがいいから、中小企業診断士の勉強をしてみなよ。資格の専門学校に通ってみたら？」と勧められたことがあります。

けれど僕は数字が苦手だし、資格を取るような習慣もなかった。それに、**「三輪と同じこと」をやっていたら、三輪に勝てないことを知っていました。**

だから、どうせなら、三輪と違う土俵で勝負してみたい。どこかに行かせてもらえるのなら、

「自分の感覚に合ったところ」

■自分の得意なことをさらに伸ばす

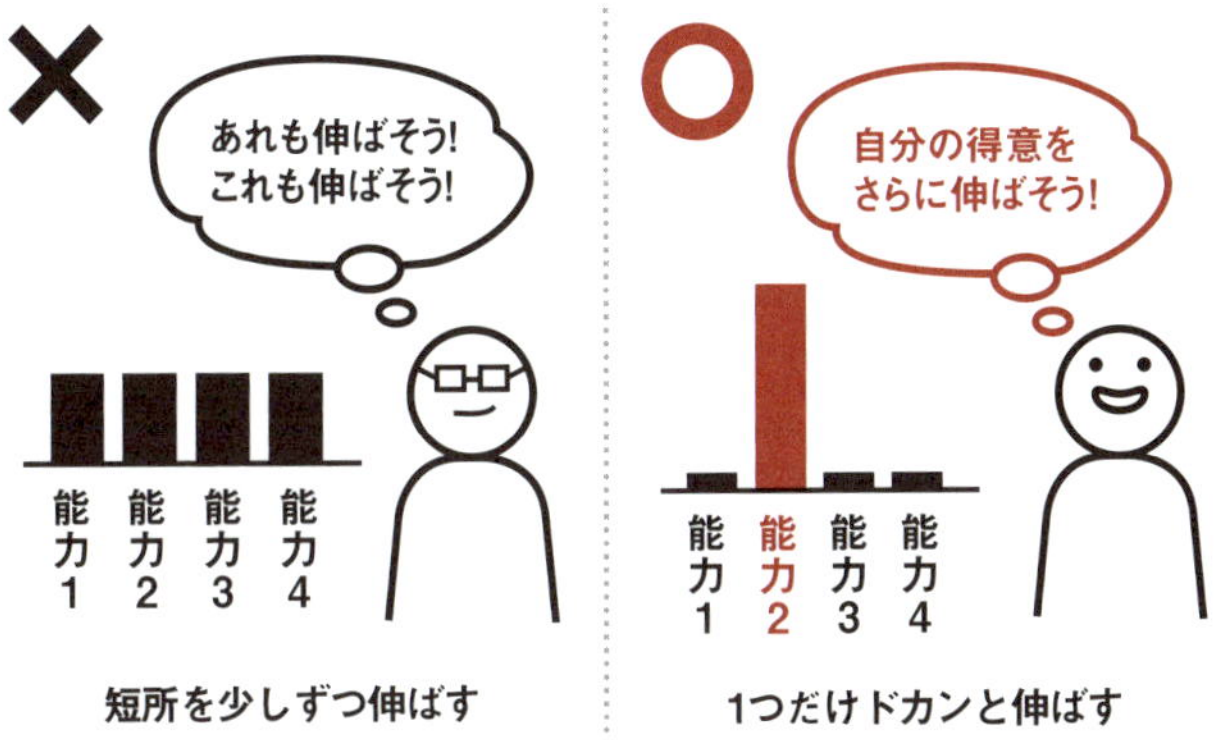
×
あれも伸ばそう!
これも伸ばそう!
能力1 能力2 能力3 能力4
短所を少しずつ伸ばす
○
自分の得意を
さらに伸ばそう!
能力1 能力2 能力3 能力4
1つだけドカンと伸ばす

「自分の力が発揮できるところ」**「自分の得意なことを、さらに伸ばせるところ」**に行ったほうがいい。

そう思って、「宣伝会議」の教育講座を受講することにしました。

会社にもどり、「宣伝会議」で学んだマーケティングの手法を「完璧コピペ」したところ、「アライブ（株）」に新しい風が吹きはじめました。

社長の三輪は「数字を見ながら、論理的にコンサルティング」をしていく。

一方の僕は数字が読めませんから、「手持ちの資源をどうやって売り伸ばすか。顧客単価をどうやって上げるか」にフォーカスした戦略を立てる。

三輪のやり方と僕のやり方が両輪となって「アライブ(株)」を大きく動かしたのです。

自分の能力を最大限に発揮できる方法を選ぶ

バルセロナFC(スペインの名門サッカークラブ)の教育システムは、「短所を克服すること」よりも、「長所を伸ばすこと」に重点が置かれているそうです。

リオネル・メッシ選手は、「得意な左足」をさらに伸ばしたからこそ、唯一無二のプレーヤーになれたのではないでしょうか。

右足(短所)の練習に時間を割いていたら、「右でも左でも蹴れるけど、どちらも平均的」な選手で終わっていたかもしれません。

日本の指導者は、「なにをやらせても器用にこなせる選手」をつくりたがりますが、「右足では蹴れないけど、左足なら超・超ロングシュートを放てる選手」のほうが、実際は戦力になるのです。

それに、**長所を伸ばしていけば、結果的に短所をカバーできる**のです。

僕は、自分から声をかけていく「プッシュ型営業」は苦手で、お客様から声をかけていただく「プル型営業」のほうが得意です。

だから僕は、「テレアポ」や「飛び込み営業」は一切しません。

そのかわり「ニュースレター」を書くなど、「お客様のほうから声をかけてくれるしくみ」をつくっています。「ニュースレター」が広まれば、テレアポや飛び込み営業をしなくても、お客様を増やすことが可能です。

嫌いなことや苦手なことばかりしていると、気持ちが疲弊します。

だったら、**自分の能力を最大限に発揮できる方法を選んだほうがいい。**どうしても短所を克服したいなら、長所を「伸ばせるだけ伸ばしたあと」にやるぐらいでいいのです。

おわりに

先日、「外資系大手レコード会社」の敏腕ディレクターKさんが、お酒の席でポロッとこんな愚痴をこぼしていました。

「俺たちはね、『会社の看板』がなくなったら、実は、何もないんだよ……」

まさかっ⁉　僕は耳をうたがいました。

これまで、「超」がつくほど有名な、洋楽アーティストのCDをヒットさせまくってきた、「正真正銘のエリート」であるKさんの口から、こんな言葉が出てくるとは……。

Kさんは、「洋楽ディレクター」という立場なので、当然英語はペラペラ。担当するアーティストは日本人ならだれもが知っている超大物ばかり。

会社では管理職を務められ、だれがどうみても「エリート街道まっしぐら」です。

僕も「かっこいいな〜」と憧れる素晴らしい人です。

そんなKさんからの「衝撃の告白」。

……でも、これが「ビジネス界の真実」なんです。

「エリート街道というレール」は、幻想のレールだった！

「これまでの社会」では、Kさんが語った「ビジネス界の真実」は公表されていません。

だから、だれも知りません。

「世の中がつくり上げた『一流大学↓一流企業↓エリート街道＝人生の幸せ』というレール」は、もう幻想なんです。

昔「3高の男性こそが優秀で、3高の男性と結婚するのが女性の幸せ」といわれた時代があったそうです。

いわゆる「高学歴・高収入・高身長」の男性です。

しかし、もう、男性も女性も気づいているはずです。「3高」のなかに、「本当にイケてるヤツ」はいないということを。

「エリート街道というレール」…これは、すでに**くずれかけている**んです。

エリートのはずの敏腕ディレクターKさんが、お酒の席で愚痴をこぼした「あの告白」

こそが真実なんです。

「会社の看板」とか、「会社の地位」で得たお金や成果では、本当の幸せを実感することはないと思うんです。

ただ、一度「エリート幻想レール」に乗ってしまった人は、頭のどこかで、「ここには本当の幸せはないのかも!?」「これは幻想なのかも!?」と気づいていても、なぜか「真実」を見てみないふりをします。

そうした「見てみないふり」によって、「エリート幻想レール」が、いまだに理想の人生プランとして、世の中にはびこっているのです。

だから、「3高」とまではいわれなくなりましたが、いまの高校生、大学生、転職者も、みな一様に、

・一流の大企業（エリートサラリーマン）

を目指して、就職活動、転職活動をする世の中なのです。

昔と比べると、「自由なキャリア」を歩めるようになりましたが、まだまだ、ほとんどの人々は、「一流の大企業に入れば、エリートサラリーマンになって、年収を多くもらって、幸せになれる」と、思っているのです。

でも、それは、**世の中全体が間違って信じている「幻想」**です！

ほとんどの人々が、そう信じていたから「バカでも年収1000万円メソッド」のような、「おバカのための成功法則」が、本などで「公開」されることはありませんでした。

公開されないから、僕を含めた「世の中のおバカたち」が、勝負をする前に、無意識のうちにあきらめさせられていたのです。

「エリートサラリーマンのレールから外れた自分たちは、好きな仕事をして、高い年収をもらうことは、もうできないんだ…」と思い込まされてきたのです。

でも、もうそんな「幻想」にしばられることはありません。

そんな幻想はかたっぱしからブッ壊します！

正面からぶつかって、思いっきり破壊してやります！

この本は**これまでの「エリート幻想レール」をブッ壊すための「リーサルウェポン（最終兵器であり最強兵器）」**です。

このリーサルウェポンをまず僕が使いまくって、年収１０００万円を突破し、「エリート幻想レール」に風穴をあけました。

次はあなたの番です。僕ひとりの力だけでは、まだ、世の中にはびこっている「エリート幻想レール」をブッ壊し切ることができません。

いまこそ、あなたの力が必要なんです。

おバカだって、年収１０００万円以上を狙える！

おバカだって、輝けるんです！

本書を書き上げて思うこと

この本を書いたきっかけは、担当の編集者である（株）ダイヤモンド社の飯沼一洋さんと僕が、同じような「おバカ出身」だったからです。

飯沼さんも、学校の成績が悪く、「工業高校」の出身。現役時の大学受験ではすべての大学に不合格。偏差値30台の浪人生活を送りながらも、1日10時間×350日間の必死の勉強の末、大学に合格します。

その後、複数の出版社を転々とし、5年間以上も、年収200万円台で、年間350日、働きまくるという、大変な生活を経て、「ビジネス書の編集者」に転身されます。

その後、さらに年間350日、働きまくりながら10万部以上の「大ベストセラー」を数々と手がけ、**2009年度には、飯沼さんが編集を担当された本が、ビジネス書で「年間ランキング日本1位」を記録**しました。

僕と同じく、飯沼さんも、「エリート街道」から完全に外れ、「おバカ街道」をまっしぐらに歩んできましたが、おバカからでも、大逆転する道を発見し、歩んでこられたのです。

そして、おバカな僕を見て**「伊藤さんも、僕と同じおバカ出身ですね。ぜひ、一緒に、『おバカのための本』をつくって、日本のおバカ仲間を救い出し、古い体質の世の中に、強烈なミサイルを叩き込みましょう！」**

と、なんと、僕と初対面の日に、いってくださったのです。

どうです？「おバカ」だと、いいこともあるでしょう！

その飯沼さんが、原稿を書き上げた僕に、こんな言葉をかけてくれました。

「伊藤さんは、まるで、サムライのような人ですね…」

「サムライ…」日本人である僕にとっては、「最高の褒め言葉」をいただきました。

当時のサムライが、自分の信念にしたがって「剣術の奥義」を極めたように、いまを生きる僕たちも「エリート幻想レール」などに負けず、おバカな自分を信じて、パッションン全開で、「バカリーマンの最強奥義」を極めるべきではないでしょうか？

最近、勉強したのですが、坂本龍馬《さかもとりょうま》の時代、土佐藩のサムライは、「上士《じょうし》」と「下士《かし》」に分かれ、「差別」が徹底されていたそうです。

「上士が1軍」なら「下士は2軍」、「上士がエリート」なら「下士はエリート路線からの外れ組」みたいな感じでしょうか。

でも、下士だった坂本龍馬が世の中を変えたように、**「下士」のなかにも、世の中を変えられる大きなエネルギーを持った人たちがいるはず**です。

僕が土佐藩士だとしたら、間違いなく「下士」だったでしょう（笑）。
それも、「上士なんかには、ぜったいに負けない！」という「反骨心」を持った「下士」です。

現在の社会もまた、土佐藩のように…

「2つ」に分かれているような気がするんです。

「エリート」と「バカリーマン」。

僕は、「エリートにだけは、ぜったいに負けない」という反骨心を持ったバカリーマンです。

「身分や、学歴や、会社名にこだわり、それらがあたかも『自分の実力』と勘違いしているエリートたちこそが、本当のバカであり、そんなニセエリートたちには絶対に負けたくない！」

そして、**なによりも、「世の中のおバカたち」を救いたい！**

その一心で「バカでも年収1000万円メソッド」このリーサルウェポンをあみ出しました。

「バカ6大奥義」をはじめとするこのメソッドは、「自分のステージ」をイッキに高めることができる最強のメソッドです。

「はじめに」でも書きましたが、本書を読むだけで、だれでもカンタンに「伝承者になる資格」を得ることができます。

ただし、気をつけてください！　本書を読んだだけでは、「資格」を得ることはできても、「真の伝承者」になれるわけではないんです。

弁護士の「資格」を取っただけでは、裁判で勝てるわけではありません。

ゴルフの本を読んだだけでは、ゴルフができたことにはなりません。それと同じです。

では、どうすれば「真の伝承者」になれるのか。

それは、

「実践すること」

「行動すること」

「まず、使ってみること」

です。

「バカでも年収1000万円メソッド」を学んだら、なんでもいいから、すぐ実践してみる。さっそく行動に移してみる。そうしなければ、いつまでたっても「真の伝承者」にはなれません。

もし、今日が木曜日なら、ぜひとも「成功の糸」をつかんでください。そして、「超速行動」で即決してみてください。

その**「ほんの一歩の行動」が、必ずあなたを変えてくれるはず**です。

僕もまだまだ「バカ6大奥義」を使いまくります！

まだまだ未熟な28歳ですから、ガンガン攻めていきます。どうせ貯金は640円ですし、何も失うモノはありません！

このメソッドを使い、僕とあなた、どちらがイッキにステージを上げるか勝負です！
あなたが、「バカでも年収1000万円メソッド」で、「理想の世界」に辿り着くことができたら、そのときは、がっつりと、「おバカ握手」で再会しましょう。

最後まで読んでくださり、本当にありがとうございました！
最後の最後に…、

おバカだからって、あきらめるな！！

おバカだって、輝ける！！！！

おバカよ、いまこそ、立ち上がれ！！！！！！！！！

２０１０年７月

破壊的な音楽、「9mm Parabellum Bullet」のライブCDを、爆音で聴きながら…

バカリーマン日本代表　伊藤喜之《いとうよしゆき》

イエ～イ♪ 「THIS《ディス》 IS《イズ》 ITO《イトウ》」（笑）

謝辞

本書『バカでも年収１０００万円』に関わってくださったみなさん、
本当にありがとうございました！
心より、お礼を申し上げます！

本書『バカでも年収１０００万円』のＤＶＤも同時にリリースしました。全国の「ＴＳＵＴＡＹＡ（一部店舗除く）で、好評レンタル中です。詳しくは「ＴＳＵＴＡＹＡビジネスカレッジのサイト（http://tsutaya-college.jp/）」よりご確認ください。ＤＶＤ化につきまして、ＴＳＵＴＡＹＡビジネスカレッジ・プロデューサーの西園直広さんには、大変、お世話になりました。本当にありがとうございます。

【本の制作に関わってくださったみなさん】

飯沼一洋さん、藤吉豊さん、斎藤充さん、佐藤慶典さん、ダイヤモンド社のみなさん、土井英司さん、古屋荘太さん、山本美智子さん、中村公典さん。

【いつも近くで支えてくれているみなさん】※敬称略

三輪尚士、橋本光弘、野々山友紀子、丹羽悟、関一正、三林真希、若林望美、ソンミンオク、馬場芙美江、山本洋平、髙橋一孝、竹内宏文、髙木絢子、石川哲也、川口満、新井麻美、矢本恵莉、井川美代子、鴫原弘子、荻野淳也、亀田潤一郎、板坂裕治郎、西任暁子、関谷英里子、関戸翔太、前田諭志、木場紳匠郎、岩崎正寛、平沢拓、城戸輝哉、松本真二、池田千恵、中谷健一、リチャード金杉、九門崇、寺尾祐子、氏家滉一、永谷京子、酒井玲央、俣野成敏、松井敬樹。

【いろんなシーンでアドバイスをくれたみなさん】※敬称略

三浦賢治、石川哲也、澤田修、山口裕寛、落合健太郎、藤原しんのすけ、近藤潤治、栗原博明、黒田洋一、野田宜成、深田博、山﨑拓巳、松永修岳、佐山サトル、早川真雅、河野章宏、石川善雄、石川紘史、池田哲平、原マサヒコ、村井瑞枝、若井吉樹、井上和幸、荻阪哲雄、マネーヘッタチャン、高島陽子、ケニー竹末、原田翔太、後藤寛、中里貴幸、萩原詩子、小野志郎、矢田敏起、松原一樹、白川敬裕、崎元則也、森安理恵、堀之内誠、露草和賛、新井健史、入谷栄一、菊入剛、中尾光宏、高須昌子、伴田典子、小岩広宣、森田和幸、クレイ勇輝、浅野ヨシオ、滝井秀典、松田大学、鴨下明日香、清水ひろゆき、上田智雄、長谷川満、加藤進、谷口周平、後藤義浩、斉藤哲也、吉川彰一、松井基嘉、滝島純、道島和伸、川井忠史、田中龍、白川元秀、三原英詳、髙橋幸輝、蒲池崇、桑原明巳、佐久間宏嗣、林康広、山田美和、高畠大志、テラウチマサト、奈良輝臣、長谷川裕也、水野園子、村岡俊介、河合真喜子、吉田勝幸、大谷隆司、山田大介、安達拓、森泉謙治、池内秀行、南中理衣、浜口伸一、ふたまつまゆみ、星、フリスビーしげる、清水啓司、山田研太郎、大栗道榮住職、大栗妙喜、タワーレコード東海エリアのみなさん、ＺＩＰ‐ＦＭのみなさん、そして「10年愛されるベストセラー作家養成コース」５期生ならびにすべてのみなさん。

【家族はじめ、大切な友人】※敬称略

伊藤哲夫、伊藤慶子、伊藤貴子、猪田由紀子、星野徹、熊澤忠俊、太田晋也、富野彰仁、国保修、森健禎、青木勇介、渡辺隆一郎、佐々木真、深津崇之、高木ゼットン、飯田育大、中地良太、三島、山中亮介、茶谷ゆうすけ、伊藤ゆき子、二見ゆり、福澤孝、そしてすべてのバーススタッフ。

ここには書ききれないぐらい、多くの方に支えられてこの本ができました。

みなさん、本当に、本当に、ありがとうございました。

【著者紹介】
バカリーマン日本代表
伊藤喜之（いとう よしゆき）
アライブ株式会社 取締役

1981年、愛知県一宮市生まれ。
幼少時からスポーツに明け暮れ、体育はいつも「学年トップ」。小、中学生時には生徒会など、ありとあらゆるポストに立候補するも落選。目立ちたがりの性格がわざわいし、逆に「いじめ」の対象となり、自殺を考える生活を送ることに。

唯一誇れた特技ソフトテニスで「スポーツ特待生」として高校進学するも挫折。中学、高校では年間350日を部活動に当てたため、学力はゼロ。大学生時には一発逆転を図り、ベンチャー企業「アライブ株式会社」の立ち上げに協力するも、創業者から「バカなお前は生きる価値がない！」と吐き捨てられ、会社を飛び出しサラリーマンに。

しかし、営業で入社した商社では成績ふるわず、倉庫での出荷担当者になり1年半で退職。「すべてに挫折した怒り」から、学歴や専門スキルがなくても、成功するためのメソッドを実践しながら開発。その後、そのメソッドを実証するため、かつて見捨てられたアライブ株式会社に出戻りし、たった３年で「平社員」から「取締役」に昇進。年収も200万から1000万に。

現在では東証一部上場メーカーや、外資系大手レコード会社から指名が来る、広告戦略のコンサルタントとして、数々のヒットを生み出している。

【問い合わせ先】
アライブ株式会社
取締役　伊藤喜之
http://www.alive-web.co.jp
Eメール　baka1000@alive-web.co.jp

【東京オフィス】（※伊藤喜之は東京オフィスに勤務）
〒107-0062　東京都港区南青山3丁目8-25 2F

【名古屋本社】
〒460-0024　名古屋市中区正木4丁目8-13　金山フクマルビル3F

バカでも年収1000万円

2010年7月29日　第1刷発行
2010年8月16日　第2刷発行

著　者――――――伊藤喜之
発行所――――――ダイヤモンド社
〒150-8409　東京都渋谷区神宮前6-12-17
http://www.diamond.co.jp/
電話／03·5778·7236（編集）03·5778·7240（販売）
装丁――――――――重原 隆
編集協力――――――藤吉 豊（クロロス）
本文デザイン・DTP――斎藤 充（クロロス）、佐藤慶典（アペックスデザイン）
製作進行――――――ダイヤモンド・グラフィック社
印刷――――――――加藤文明社
製本――――――――ブックアート
編集担当――――――飯沼一洋

ISBN 978-4-478-01389-2